ESSAI

D'ANALYSE

POLITIQUE.

ESSAI

D'ANALYSE POLITIQUE

SUR LA

RÉVOLUTION

FRANÇAISE

ET LA

CHARTE DE 1830,

PAR HENRI REBOUL,

CORRESPONDANT DE L'INSTITUT, EX-DÉPUTÉ A L'ASSEMBLÉE
LÉGISLATIVE.

❋

Ferme quidem congruere rebus ; sed non à vagis stellis ;
verùm apud principia et nexus naturalium caussarum.
TACIT. Ann. l. 6. § 22.

❋

SE VEND : { A PÉZENAS, chez ROBERT, libraire.
A MONTPELLIER, chez SEVALLE.
A PARIS, chez LES LIBRAIRES DU PALAIS-ROYAL.

━━━━━━━━━

BÉZIERS, IMPRIMERIE DE J.-J. FUZIER.
1830.

ESSAI

D'ANALYSE POLITIQUE

SUR

LA RÉVOLUTION ET LA CHARTE
DE 1830.

Fatum quidem congruere rebus ; sed non è vagis stell..; verùm apud principia et nexus naturalium causarum. TACIT., Ann. l. 6. §. 22.

L'EXAMEN analytique d'une révolution d'état embrasse les trois rapports du passé, du présent et de l'avenir. On peut suivre les maladies politiques comme celles du corps humain, dans l'étude de leurs causes ou aitiologie, dans le diagnostic de leurs éléments et de leurs symptômes, et jusques dans le pronostic des crises prochaines ou éloignées.

Il s'agit de chercher dans les faits du passé les causes qui ont produit le changement, et dans ceux du présent ceux qui peuvent le rendre stable, ou amener de nouvelles combinaisons.

On est autorisé, ensuite, d'après ces données, à porter un jugement sur l'avenir.

Les mouvements politiques ont, comme ceux du monde planétaire, leur statique et leur dynamique. Les forces qui les déterminent sont assujetties à des lois, et celles de ces lois qui s'appliquent à toutes les révolutions doivent être réputées générales.

Ce n'est pas que des forces individuelles et spéciales n'occasionnent quelques perturbations dans le système d'une révolution, et n'en varient les phénomènes.

Les causes accidentelles peuvent difficilement être prévues et calculées; mais les mouvements généraux qui affectent les masses sont en relation immédiate avec les lois naturelles de l'organisation des états; ils peuvent donc être soumis aux épreuves de l'examen analytique.

S'il est vrai, comme l'on est plus que jamais tenté de le croire, que le monde se gouverne de lui-même, la recherche des lois qui règlent les mouvements politiques des peuples, est un des plus beaux sujets d'étude qui puisse occuper l'esprit d'un observateur. Ce n'est ni l'apologie, ni la satyre des gouvernements; mais leur histoire naturelle qu'il faut entreprendre, avec cette disposition d'esprit désintéressée et impartiale, recommandée par Tacite et par Spinosa. *

* *Nec amore quisquam et sine odio descen tum est.* TACIT. Hist. lib. I. *Humanas actiones neque lugere neque detestari, sed intelligere.* SPINOSA, Tract. Theologico-Politicus.

L'auteur de cet écrit, qui, depuis plus de quarante ans, consacre ses loisirs à l'étude des sciences naturelles, a considéré, à l'exemple d'Aristote, la politique comme étant l'une de ces sciences. Il a suivi,

SECTION PREMIÈRE.

DES CAUSES GÉNÉRALES ET SPÉCIALES DE LA RÉVOLUTION DE 1830.

CHAPITRE Ier.

Observations préalables sur la Nomenclature.

Dans tout examen philosophique, il faut d'abord définir les termes qu'on emploie, afin d'éviter les disputes des mots.

Cette précaution est surtout nécessaire en fait de politique, dont la langue ne se trouve fixée nulle part, et que les acceptions vulgaires ont plus embrouillée qu'aucune autre.

Les gouvernements ont un principe universel et un principe spécial ; celui qui est commun à tous et

dans ses recherches, la méthode expérimentale et analytique enseignée par le chef des naturalistes.

Quelle eût été la manière de voir d'Aristote, s'il eût vécu de nos jours ? Comment eût-il envisagé les Gouvernements de notre époque, les vicissitudes qu'ils ont subi, et celles qui sont réservées à leur avenir ? Telle a été la direction habituelle des méditations qui ont donné lieu à cet écrit. Il a été dicté par les circonstances ; mais ce n'est qu'un épisode d'un travail plus étendu sur l'Histoire naturelle des Gouvernements.

Pézenas, le 20 octobre 1830.

qui fait qu'ils sont gouvernements ; et celui qui distingue les uns des autres selon la qualité du pouvoir et la condition des gouvernés.

Le principe universel des gouvernements est l'utilité politique. Quels que soient les hommes, libres ou esclaves, bons ou mauvais, il leur est utile et nécessaire d'être gouvernés. L'homme est destiné par la nature à vivre en société. Son utilité lui prescrit d'avoir un gouvernement ; et l'essence de celui-ci est de correspondre à ce besoin.

Le principe spécial d'un gouvernement est ce qui le met en rapport avec la nature et la qualité de la société. Il existe entre les agrégations d'hommes une grande dissemblance ; puisque les unes sont composées d'hommes libres qui choisissent leurs magistrats, et que d'autres sont assujetties à des maîtres. Dans celles-ci les hommes sont réunis en troupeaux ; ailleurs ils se trouvent constitués en associations. Les deux modes de gouvernement diffèrent par leur nature, et c'est la nature de chacun qui fait son principe spécial. L'un s'appelle monarchie absolue, despotisme, autocratie ; c'est le gouvernement des maîtres. L'autre a été appelé république, cité, autonomie ; c'est le gouvernement des magistrats et des citoyens.

.Les mots d'autocratie et d'autonomie me paraissent exprimer, plus nettement que les autres, les idées relatives à ces deux modes opposés de l'existence politique. Leur acception n'a pas été encore dénaturée par l'usage ;

on ne sait plus au contraire quel sens il faut attacher aux dénominations de république et de monarchie. On leur a fait signifier tant de choses qu'on pourrait compter autant de monarchies autonomes que de républiques autocratiques.

Ainsi, j'entends par autocratie ce mode de gouvernement où la souveraineté du maître est le principe spécial ; et par autonomie, celui où ce principe est la souveraineté de la société.

La souveraineté de la société est fondée sur le droit naturel. Celle des maîtres n'a d'autres bases qu'un droit acquis qu'il leur a plu de qualifier divin pour faire prévaloir par un blasphème la tyrannie sur la liberté et la force sur la justice.

Quant au mot de république qu'on emploie vulgairement à désigner le gouvernement de plusieurs, il reste à savoir si elle est autocratique ou autonome, c'est-à-dire si la souveraineté est possédée par quelques-uns seulement ou par le corps social tout entier. Il y a donc des républiques vraies et bonnes ; et d'autres fausses et mauvaises ; il en est de même des monarchies. Celle du maître est autocratique ; celle du magistrat est autonome ; ce n'est ni le nombre ni le nom, mais la qualité du souverain qui détermine la nature du gouvernement. *

* Aristote, polit. l, 3 , c. V·

CHAPITRE II.

Du rapport des révolutions avec le principe universel des gouvernements.

Les révolutions qui s'opèrent dans les états sans le concours d'une force étrangère, sont dues nécessairement à des causes internes. Ces causes se rapportent toutes plus ou moins à un fait principal qui les rend efficaces et détermine le changement. Ce fait est l'état de souffrance et d'altération où se trouve le principe vital du gouvernement. La crise qui survient est favorable ou nuisible à ce principe. Elle restaure son pouvoir conservateur, ou achève de l'abolir.

Un principe de vie anime et soutient les institutions politiques. Elles sont frappées de mort quand ce principe est abandonné ou détruit.

Toute combinaison de ce genre est assujettie à de certaines conditions d'existence. Si ces conditions ne sont pas remplies, elle cesse d'être. Quel est donc ce principe; quelles sont ces conditions de la vie politique? Le principe d'une chose vivante est ce qui fait que cette chose vit. L'organisation du corps humain et celle de l'état social ont l'une et l'autre un but déterminé, et ce but est de les faire vivre. Ce qui fait vivre le gouvernement dans l'état et l'état par le gouvernement, c'est l'utilité. C'est ce principe de l'hygiène politique qui garantit la durée de toutes les institutions faites pour vivre et se conserver.

La vie des états est attachée à cette condition que leur gouvernement soit assorti aux mœurs et aux capacités des peuples.

Celui qui leur convient le mieux et qui leur est le plus utile se trouve ainsi le seul légitime.

C'est donc l'utilité des gouvernements qui fait leur véritable légitimité. La souveraineté de la raison et celle de l'utilité sont un même principe ; l'utilité appelle le jugement de la raison ; la raison est juge de l'utilité.

Le pouvoir des sultans est bien plus légitime que celui des rois d'Espagne et de Portugal. Son utilité n'est point contestée ; celle des princes de la péninsule est chaque jour mise en question.

Ce principe s'applique bien plus exactement à la vie des états qu'à celle des animaux dont les organes sont périssables par leur essence et sans remède ; au lieu que la vie politique peut se prolonger aussi long-temps que son principe est maintenu, et que ses conditions vitales sont remplies.

Le principe vital ou final * d'un état est ce qui fait que l'état s'est formé et se conserve, car chaque chose existe pour un but ; et le but de l'établissement est atteint, quand le gouvernement satisfait aux conditions de l'utilité pour laquelle il est institué.

* ou téléologique.

Le gouvernement qui ne remplit point ces conditions et qui déroge au principe de l'utilité, attente à la vie de l'état. La maladie qui survient amène une révolution de laquelle il résulte : ou que l'état est brisé par le gouvernement, ou le gouvernement par l'état.

CHAPITRE III.

Des lois naturelles qui dérivent du principe des gouvernements.

La légitimité et l'unité du pouvoir étant les conséquences nécessaires du principe de l'utilité politique, on peut en induire ce corollaire : que le pouvoir est utile, un et légitime, quand il réside là où réside la force politique.

Il n'y a ni utilité, ni unité, ni légitimité, quand la loi est imposée aux forts par les faibles ; aux hommes dignes par les indignes.

Cet aphorisme mérite d'être développé.

Aucun pouvoir n'est légitime s'il n'est utile. L'inutilité, la malveillance ne sont investies d'aucun droit.

La puissance politique est instituée pour un bien ; elle n'est point légitime si elle ne veut ce bien, si elle ne peut le faire, et si elle ne le fait point selon ses moyens.

Ces moyens ne sont suffisants qu'autant qu'ils parviennent à obtenir l'unité des volontés et des efforts de l'association.

Sans unité point de vitalité ; c'est le concours des organes qui constitue l'unité vitale de l'animal. Il faut pareillement que tous les organes du corps politique soient animés d'un même esprit, et coordonnés au même principe téléologique.

On ne peut guère éviter d'introduire, dans l'état, des pouvoirs spéciaux, et leur division est justement recommandée par les publicistes. Mais leur concours consciencieux à l'œuvre commune et leur association en un pouvoir unique, universel et souverain, sont aussi nécessaires au maintien d'un état que l'harmonie des fonctions vitales à l'existence du corps vivant.

Ces conditions se trouvent facilement remplies, quand le pouvoir et la force sont réunis dans les mêmes mains, c'est-à-dire quand le droit de vouloir est attribué à ceux qui ont la puissance d'agir. Le maintien des gouvernements est fondé sur cette loi naturelle ; les états où elle est violée sont condamnés aux révolutions.

Tout gouvernement est un système de forces. Celles de l'homme sont matérielles ou intellectuelles. Ce sont ces dernières qui constituent essentiellement la force politique, c'est-à-dire celle qui dispose des autres.

La force matérielle réside toujours dans la multitude, soit qu'elle se trouve composée de citoyens, de sujets, ou même d'esclaves.

Ces derniers sont entièrement dénués de forces politiques; les sujets en sont médiocrement pourvus; les citoyens la possèdent plus ou moins selon les mœurs et les circonstances; et c'est parce qu'ils la possèdent qu'ils sont ou deviennent citoyens.

La force politique, qui doit sa prééminence aux facultés intellectuelles, domine la force matérielle, comme l'ame domine le corps. Elle est l'ame du corps politique.

L'union de cette ame et de ce corps constitue la vie sociale comme celle de l'individu.

Quand la force politique n'existe nulle part dans l'état, la force matérielle s'y trouve livrée à elle-même. C'est le cas de l'anarchie. La nécessité des choses engendre alors et fait surgir une tyrannie qui reconstitue la société, ou la traine à de nouveaux supplices.

Le despotisme s'établit et se maintient, quand la force politique du peuple étant nulle, cette force réside toute entière dans le gouvernement, c'est-à-dire quand l'autocratie, soit monarchique, soit oligarchique, qui possède seule le droit de vouloir, est, en effet, seule capable de vouloir utilement.

Le repos des états despotiques est menacé, si les peuples viennent à acquérir quelque capacité, ou si la capacité des autocrates commence à déchoir. Tout déplacement de la force politique est un avant-coureur de révolution. C'est à cette force, qui est celle de la raison publique, qu'appartient de droit la souveraineté; et l'état doit demeurer dans le trouble et le malaise jusqu'à ce qu'elle ait obtenu le pouvoir qui ne saurait rester long-temps isolé d'elle.

Il n'y a de républiques achevées que celles où la force politique réside dans la collection des citoyens; elle se trouve alors réunie à la force matérielle. Cette union, quand elle est complète, engendre le gouvernement le plus fort qui se puisse imaginer, c'est-à-dire celui qui remplit, au plus haut degré, les deux conditions principales, l'utilité et l'unité.

Dans les autocraties, la force matérielle n'est qu'asservie à la force politique; ce qui suffit pour qu'elle y soit turbulente et désordonnée. Dans l'autonomie, ces deux forces sont associées par un lien indissoluble, puisque ce qui est fait pour tous est censé voulu par tous. Cette alliance dure tant que l'esprit de l'autonomie anime la société.

L'unité des états autonomes est ainsi maintenue par l'égalité. Celle des états autocratiques ne peut être garantie que par l'inégalité.

CHAPITRE IV.

Du rapport des révolutions avec le principe spécial
des gouvernements.

La théorie physique des révolutions se déduit naturellement de ces premisses.

L'harmonie politique est troublée quand la force qui gouverne les états tend au déplacement.

Le déplacement a lieu dès que le principe spécial du gouvernement ne s'accorde plus avec l'état de la société.

Les peuples qui ont acquis des lumières et des vertus, repoussent le principe de l'autocratie. Celui de l'autonomie devient un fardeau pour les nations dégénérées ou corrompues. Mais cette distinction des peuples, dans leur rapport avec l'espèce du gouvernement, n'est pas absolue; elle admet plusieurs modifications.

Les gouvernements sont homogènes ou mixtes. Il n'y a d'états homogènes que ceux qui sont, purement et sans aucun mélange, autocratiques ou autonomes. Dans le premier, la force appartient entièrement au privilége; dans ceux de l'autonomie pure ou homogène, le privilége est exclu de toute participation aux affaires.

C'est fort mal à propos qu'on a coutume d'appeler

les uns monarchies, les autres républiques; ces noms signifient toute autre chose,. ou plutôt signifient tant de choses disparates que chaque auteur, qui veut les employer, est obligé préalablement de les définir.

Dans les révolutions politiques, l'état passe de la constitution homogène à celle qui est mixte, ou de la constitution mixte à celle qui est homogène, ou, enfin, d'une espèce de constitutions mixtes à une autre espèce; car on peut concevoir un grand nombre de ces dernières.

Si des germes de force politique prennent quelque développement parmi les peuples asservis à l'autocratie, et si le gouvernement est dans l'impuissance d'en arrêter les progrès, un pouvoir nouveau se fait jour dans l'état, et l'autocratie est modifiée, c'est-à-dire devient mixte.

C'est ainsi que les autocraties oligarchiques et monarchiques des temps de la féodalité furent altérées dans leur principe par la résurrection des institutions municipales.

Un changement analogue s'opère dans les états autonomes, quand les peuples, qui ont possédé la faculté de se gouverner eux-mêmes, subissent quelque altération dans leur capacité d'exercer cette faculté. Une portion de la force matérielle se trouve alors livrée à elle-même, et l'unité de l'état serait compromise, s'il n'y était porté remède par l'établissement d'une force politique artificielle. Celle-ci est empruntée au privilége, ce qui donne à la constitution le caractère mixte. Tous ces mélanges d'éléments politiques sont légitimes, quand ils s'accordent avec l'état des choses, et demeurent sanctionnés par le principe de l'utilité ; mais on ne peut se dissimuler que les états mixtes se trouvent les moins permanents de tous, à raison de l'hétérogénéité de leurs éléments, et que les révolutions y sont bien plus fréquentes que dans les états homogènes.

Le repos de ceux-ci et notamment de ceux de l'autocratie n'est guère troublé que par des révoltes ; les personnes y sont changées, les choses restent les mêmes.

CHAPITRE V.

Que les révolutions politiques ont leur siége ordinaire dans les états mixtes.

Dans tous les états, il faut distinguer deux forces, celle des gouvernants et celle des gouvernés ; l'une politique, l'autre à la fois politique et matérielle, ou seulement matérielle.

L'état n'est bien constitué qu'autant que ces forces sont réunies en une seule ; ce qui peut arriver de deux manières : 1° quand la force matérielle des gouvernés est, à raison de leur incapacité politique, livrée à la discrétion des gouvernants; 2° quand les gouvernés, ayant la conscience de leurs forces, en confient l'exercice au gouvernement, sous des conditions qu'ils sont capables de faire valoir.

On conçoit qu'il doit y avoir bien plus de stabilité dans les états où l'unité, qui résulte de l'association des deux forces, est fondée sur la nature des choses, que dans ceux où elle repose sur des conventions dont la durée est toujours incertaine.

Les peuples dénués de forces politiques, fussent-ils des géants, sont voués au régime despotique. Il faut des maîtres à ceux qui sont incapables d'être maîtres d'eux-mêmes.

L'autocratie est l'état naturel des peuples dont la force politique est nulle. Ceux qui se trouvent en possession de cette force sont appelés à l'autonomie.

On ne saurait concevoir comment un peuple pourrait passer, par une seule révolution, de l'un de ces états à l'autre. Les tentatives qui auraient cet objet en vue manqueraient nécessairement leur but, faute d'éléments.

On a cru que Galba et ensuite Trajan avaient eu la pensée de rétablir à Rome le régime de la république. Mais ils n'y trouvèrent point de citoyens.

Les peuples américains, que la force des événements a délivrés du joug despotique de l'Espagne, ont fait de vains efforts, depuis vingt ans, pour atteindre à l'autonomie. L'ordre ne s'est maintenu que dans le Paraguai où un autre despotisme a succédé à l'ancien.

Le passage brusque de l'autonomie à l'autocratie n'est pas moins impraticable. Les mœurs des citoyens ne peuvent tout d'un coup s'accommoder d'un maître. Les peuples qui se plient à ce joug ont dû cesser depuis quelque temps d'être citoyens. Un seul ne peut prévaloir contre tous, qu'après la corruption du plus grand nombre.

Si les Romains du temps de César avaient eu les mêmes mœurs que ceux du temps de Manlius, César aurait subi le sort de Manlius.

Bonaparte mit beaucoup d'habileté et de ménagement à se faire despote, et triompha ainsi des mœurs assez ambiguës du peuple français. Mais, quand il eut renoncé à ces ménagements et levé le masque, les mœurs reprirent un peu de leur élasticité, et le pouvoir usurpateur fut, sinon renversé, du moins délaissé et abandonné à lui-même.

Ce pouvoir ne se serait pas même établi, si les mœurs françaises eussent pu supporter les épreuves de l'autonomie, tentées à la fin du 18me siècle.

L'altération des états homogènes est évidemment plus facile à prévenir que celle des états mixtes, puisqu'il suffit aux maîtres de s'y maintenir maîtres, et aux citoyens de s'y maintenir citoyens.

La stabilité des états mixtes ou intermédiaires exige

le maintien des choses opposées et en quelque sorte de la contradiction elle-même. Il s'y trouve des citoyens et des privilégiés. Le droit de cité n'y est même le plus souvent qu'une sorte de privilége. Les pouvoirs du gouvernement y sont divisés, et censés se tenir réciproquement en équilibre; mais cet équilibre suppose une lutte continuelle entre eux, et toute lutte ne peut demeurer long-temps égale.

La balance des pouvoirs, réputée la merveille des états mixtes, est à peu près chimérique; elle s'accorderait difficilement avec le besoin de l'unité. L'unité est une condition d'existence fondamentale pour les gouvernements. Il n'y a de stables, parmi les états mixtes, que ceux où cette condition se trouve accomplie, au moyen d'une sage combinaison des éléments dont la société se compose. Le concours de ces éléments réunit les forces en une seule; leur lutte amène les dissentions, et rend les révolutions inévitables.

Les révolutions font passer quelquefois l'état mixte à l'homogénéité; mais le plus souvent elles ne font qu'en changer l'espèce. Les espèces de l'état mixte qui sont en grand nombre peuvent être méthodiquement distribuées en deux classes.

L'une embrasse celles où le principe autocratique prédomine et où il agit comme pouvoir instituant. Les institutions autonomes y sont considérées comme des concessions du pouvoir qui continue de se qualifier souverain, lors même qu'il s'est donné des collègues

2

pour la création des lois; c'est-à-dire pour l'exercice
de la souveraineté. Cette classe est celle des autocraties
mixtes, l'autre comprend les espèces où prévaut l'autonomie. Dans celles-ci les institutions du privilége,
quoique congénères de l'autocratie, sont établies par
la volonté générale pour servir de garantie à la paix
publique et d'instrument au principe de l'utilité commune.

Quelle que soit l'espèce de l'état mixte, quand le
pouvoir et la force politique y sont disjoints, il arrive
toujours que les hommes en possession du pouvoir
cherchent à s'approprier la force, et que ceux en qui
réside la force l'emploient à s'emparer du pouvoir.
L'unité s'établit ainsi d'une manière violente par le
triomphe de ceux qui gouvernent, ou par la réaction
de ceux qui sont gouvernés.

CHAPITRE VI.

Des révolutions où le gouvernement prévaut sur les
gouvernés.

Les révoltes des états autocratiques qui n'aboutissent
qu'à un changement de maître; les commotions démo-
cratiques qui laissent la cité libre et entière, ne sont
pas des révolutions. Ce nom ne convient qu'aux mouvements qui changent la condition des peuples et celle
du pouvoir politique.

Ce mouvement est déterminé par le défaut d'unité dans la gestion des affaires de l'état et par l'altération organique qu'engendre cette dissidence. Quand une révolution est devenue nécessaire pour rétablir l'unité et ramener les choses au principe de leur conservation, c'est la force politique qui s'y fait jour et qui décide toutes les questions, en distribuant les éléments selon leur valeur relative. Les erreurs qui se commettent dans cette distribution sont autant de germes de révolutions nouvelles.

Toute révolution qui prend son assiette et donne lieu à un établissement permanent, n'est, en résultat, qu'un triomphe de la force politique sur la force matérielle.

Celles qui s'opèrent au profit des gouvernements et au détriment des gouvernés, quelle que soit la manière de les interpréter, présentent un indice irrécusable de la supériorité du vainqueur, en force politique.

Un peuple qui est et demeure vaincu par l'usurpation, cède à une force qui dépasse la sienne.

Rome était déjà faible et abattue lorsqu'elle fut attaquée par Catilina ; mais celui-ci n'étant qu'un mauvais sujet et un chef de brigands, la république trouva encore en elle-même les moyens de lui résister. Elle succomba quelques années après dans sa lutte contre César, et ne se releva plus, lors même qu'un assassinat l'eut délivrée de cet usurpateur.

On peut considérer chaque révolution comme une

épreuve à laquelle sont soumises les forces qui se disputent le gouvernement de l'état. Le triomphe définitif est dévolu à celle qui est la plus puissante.

Il suffit néanmoins, pour que la victoire appartienne au gouvernement, que les forces soient à peu près égales; car il a pour lui tous les avantages de la position.

Ces avantages assurèrent la stabilité du règne de Bonaparte, lorsqu'il eut consommé son entreprise en se faisant empereur. Les mœurs publiques avaient été par lui amenées à ce point qu'il n'avait plus à craindre d'être attaqué par la force politique de la nation ; mais la nation le laissa renverser par une force étrangère.

Les gouvernements qui veulent subjuguer les peuples cherchent d'abord à les avilir. Ils trouvent plus facile, pour se rendre supérieurs, de dégrader les citoyens ou les sujets, que de se faire meilleurs eux-mêmes. Leur force politique semble s'être accrue, parce que celle des peuples se trouve réduite à rien.

CHAPITRE VII.

Des révolutions où le gouvernement succombe.

Quand les peuples sont amenés par le cours des affaires politiques à changer leur régime et à renverser leur gouvernement, si cette révolution n'est point incertaine et éphémère, elle indique dans ceux qui l'ont faite un certain degré de force politique et une faiblesse relative dans le pouvoir qui s'est laissé vaincre.

Les peuples ignorent le plus souvent de quelle force politique ils sont doués. Ce secret leur est ordinairement révélé par les fautes des gouvernants. Ceux-ci ont la sotte habitude de croire leur puissance officielle inébranlable, et de réputer infaillibles les moyens que leur donne le pouvoir.

Il suffit de l'indifférence des peuples pour ôter aux gouvernements la force politique nécessaire à leur maintien. Le mal dont ils sont menacés devient manifeste, dès que la contradiction se joint à l'indifférence.

Telle est la marche ordinaire de ces crises où le pouvoir succombe. Les peuples refusent d'abord leur assistance; puis ils résistent, et enfin combattent.

Charles Ier ayant déjà à peu près aboli les libertés publiques par les manœuvres du ministre Strafford, ne trouva plus dans son peuple dépouillé et mécontent les moyens d'agir contre les Écossais. Au refus succéda la défection et ensuite l'opposition à main armée.

Jacques II fut d'abord attaqué par une armée hollandaise. Ses sujets l'abandonnèrent avant de le détrôner.

L'abandon des peuples est un signe manifeste de la chute prochaine des gouvernements. Ce signe n'a manqué ni au règne de Bonaparte, ni à celui de la branche aînée des Bourbons restaurée en 1814.

La France a laissé tomber deux fois le trône impérial sous les coups de l'étranger. Ce trône, n'ayant d'autre appui que la force militaire, devait périr par elle.

Les Bourbons restaurés avaient eu une preuve éclatante de l'indifférence nationale, lorsque un banni traversa la France sans combats à la tête de huit cents soldats et vint les déloger. Combien quinze ans d'indifférence ont dû engendrer de dégoût, de mépris et de haine.

C'est en vain qu'on chercherait à des révolutions, précédées de tels éléments, des causes spéciales et accidentelles. Les grandes crises politiques ont leur règle dans les lois générales de la nature.

Il n'est pas toujours nécessaire qu'un peuple soit très-fort pour briser son gouvernement; il suffit que celui-ci soit faible en lui-même. Qu'importe que les peuples vaillent peu de chose quand les gouvernements ne valent plus rien? La force politique des Anglais en 1648, et des Français en 1789 n'était pas très-grande, ainsi que l'ont prouvé les événements subséquents; mais Charles Ier et Louis XVI avaient usé leur pouvoir.

La force des peuples est bien moins révolutionnaire que l'indignité des princes.

CHAPITRE VIII.

Quels sont les véritables auteurs des révolutions.

Les conspirations sont, à juste titre, attribuées aux conspirateurs; mais les révolutions ont leurs véritables causes, moins dans l'activité du parti qui triomphe que dans les fautes et l'incapacité du pouvoir qui est vaincu. L'effet des conspirations est de déplacer quelques hommes, de leur en substituer d'autres. Les révolutions déplacent les éléments politiques, ou plutôt les mettent dans cette situation qui est prescrite par les lois naturelles.

La force politique qui seconde une conspiration est vague et capricieuse, puisqu'elle passe souvent sans utilité d'un homme à un autre. Celle qui détermine une révolution est fixe et arrêtée; elle est à la fois celle des hommes et des choses.

Il s'ensuit que tout pouvoir qu'une révolution est parvenue à renverser, se trouve nécessairement dans son tort, soit qu'il ait pris l'offensive, soit qu'il n'ait fait que se défendre; car, dans l'un et l'autre cas, il a méconnu sa force et celle qu'il avait à combattre. Qu'on excuse ou non cette erreur, elle est toujours fatale. Le gouvernement qui s'isole ou se laisse isoler de la force politique, n'est plus qu'un vain simulacre que le plus léger mouvement fait évanouir.

C'est la nécessité des choses qui a suscité ces résis-
tances, ces oppositions, ces attaques que le pouvoir
eût pu prévenir et qu'il a mieux aimé provoquer. Tout
gouvernement peut être assimilé à une entreprise d'industrie : si elle vient à échouer, c'est aux entre-
preneurs à en répondre.

Ainsi les révolutions doivent être rarement attribuées
à ceux qu'on qualifie révolutionnaires. Cette espèce
d'hommes ne peut manquer de se produire toutes les
fois que les causes naturelles des révolutions sont arrivées
à leur maturité. C'est aux hommes du pouvoir qu'il
faut les imputer, pour avoir laissé perdre dans leurs
mains la force politique qui s'est tournée contre eux.

En Ang'eterre, la révolution qui détrôna Jacques II
se fit en quelque sorte en dépit des révolutionnaires.
On ne voit point, sans surprise, dans l'histoire, avec
quelle répugnance les anglais se déterminèrent à prononcer l'expulsion d'un prince tant décrié par ses
persécutions religieuses et politiques. Ce fut lui qui
sembla prendre plaisir à rendre impossible le prolon-
gement de son règne. Que n'avait pas fait pour se
perdre, son père Charles Ier, le plus opiniâtre des
rois à la poursuite du pouvoir autocratique ? Attaqué
par son peuple, vaincu, désarmé, prisonnier, il eût
pu à plusieurs reprises se réconcilier avec la force
politique qui l'avait dépouillé ; mais il ne cessa de
l'irriter jusqu'à ce qu'il l'eût excitée à lui ôter la vie.

Ce ne fut point le tiers-état qui fit la révolution

de 1789 ; elle devint inévitable par les erreurs du gouvernement qui amenèrent l'intervention d'un peuple
encore engourdi. L'homme qui a eu le plus de part
à cette catastrophe est ce ministre Calonne qui a tant
déclamé contre elle. Mais sa faute était la suite de
beaucoup d'autres.

Cette révolution, une fois consommée, le pouvoir
passa entre les mains de l'assemblée constituante, et
à ce pouvoir était jointe la force politique ; mais les
députés ne surent ni la conserver ni la diriger. Ce
fait qu'on ne peut contester rejette sur cette assemblée
la responsabilité de tous les désordres qui se sont commis
jusqu'au moment où le pouvoir et la force politique
se trouvèrent de nouveau réunis, pour quelques mois,
dans l'effroyable dictature du comité de salut public.

L'assemblée constituante ne légua aucun pouvoir réel
ni au roi ni à l'assemblée législative. Elle leur laissa
le fardeau d'une guerre civile imminente et d'une
guerre étrangère inévitable. * La guerre devint alors

---

* Le temps est venu de juger les opérations de l'assemblée constituante. Ce n'est qu'après l'événement que l'on peut bien apprécier
le mérite d'une entreprise politique, comme celui d'une méthode,
thérapeutique, appliquée au traitement d'un malade.

Les hommes d'état de l'assemblée constituante étaient les plus
distingués de leur époque. Ils ont été fort vantés par les partisans
de la spéculation, mais l'expérience leur manquait. Cela explique
pourquoi elle a démenti toutes leurs théories. Ils n'ont, en effet,
établi que de fausses combinaisons, des alliages incompatibles. L'état

le seul point de ralliement des esprits ; et ce point
décida tous les autres. Les besoins de la guerre ren-
versèrent tous les obstacles ; d'abord les feuillants, puis
la royauté, puis les girondins. Les feuillants ne voulaient
point la guerre ; le roi ne pouvait la vouloir sincèrement ;
les girondins ne savaient pas la conduire. Elle fit tomber
le pouvoir entre les mains de ceux qui se trouvèrent
capables de faire combattre et vaincre. Ceux-ci perdirent
ensuite la force politique par l'horrible abus qu'ils
en firent dans le régime intérieur.

Parmi les révolutions dont la France a été le théâtre
pendant quarante ans, celles du 31 mai et du 18

a été ainsi conduit à de nouvelles crises par l'impossibilité de subsister
tel qu'on l'avait formé.

Bonaparte ne cessait de railler, à ce sujet, son troisième consul
qui avait été l'un des hommes marquants de cette assemblée.

De tous les reproches qu'on lui a adressés, celui qu'elle méritait
le moins est de s'être retirée trop tôt.

C'est deux ans trop tard qu'elle a résigné son pouvoir.

La révolution, qui s'était faite par le peuple en 1789, ne pouvait
s'achever avec le concours des représentants de la noblesse et du
clergé. A peine cette assemblée fut-elle définitivement constituée,
qu'elle ne représentait déjà plus la nation victorieuse de l'autocratie.

Si elle eût prolongé son règne en 1791, elle ne serait point
parvenue à faire la royauté puissante, ni à la rendre constitutionnelle. Elle n'aurait ni voulu, ni pu livrer la France à l'étranger ;
peut-être eût-elle sauvé le Roi, si ce Roi avait su fuir comme un
autre homme. Mais elle n'avait aucun moyen de le faire régner, et
de rallier à son gouvernement la force politique. Elle imposa à la
la nation ou plutôt supposa le règne d'un mort.

brumaire, furent de vraies conspirations. L'une et l'autre réussirent, parce qu'elles étaient dirigées contre un pouvoir dénué de force politique. Cette force avait été invoquée en 1793 contre l'invasion étrangère. En 1799 Bonaparte la fit mouvoir contre une anarchie impuissante. Plusieurs des mesures du conspirateur du 18 brumaire étaient mal prises, lui-même faillit se perdre dans le rôle qu'il s'était choisi; mais il se vit secondé par la force de l'opinion, et parvint facilement à rallier à lui ce qui restait de force dans l'état.

Tout gouvernement qui se trouve évincé par une révolution a mérité de l'être; je dis par une révolution et non par une conspiration; car les conspirations toutes puissantes contre les hommes ne peuvent rien contre un pouvoir qui possède la force politique; celui qui ne la possède point, s'il ne parvient à la conquérir, ne peut long-temps prolonger son existence.

On n'acquiert point cette force par la violence, mais par l'habileté. L'habileté est une des conditions de l'utilité, et par suite de la légitimité. Sans doute, tous les habiles ne sont pas légitimes; mais les légitimes ne sont pas dispensés d'être habiles. Sans habileté point d'utilité, et sans l'utilité rien n'est légitime.

Les lois de la nature dominent les législateurs, les rois et les peuples. L'habileté politique ne consiste pas à éluder ces invincibles lois, mais à les connaître, à y conformer ses actes et à s'aider de leur puissance.

CHAPITRE IX.

Application de cette théorie à la révolution de 1830.

———

Cette théorie explique, sans beaucoup de difficultés, la révolution qui vient de s'opérer en France. Il suffit, pour cela, de considérer si la force politique de la royauté s'y trouvait en proportion avec son pouvoir officiel; si la plus grande partie de cette force n'était pas en dehors du pouvoir et en opposition avec lui; si cette dissidence ne laissait pas l'état sans unité, et ne l'isolait pas du principe de l'utilité politique, garant indispensable de sa conservation.

CHAPITRE X.

De la force politique des Rois de France avant la révolution de 1789.

———

La force politique est acquise aux princes par deux procédés bien différents, dont l'un consiste à se concilier celle des peuples en gouvernant selon leur intérêt; l'autre, à les dépouiller de cette force en les amenant à des mœurs serviles qui les façonnent au joug du pouvoir arbitraire. Quoique ce dernier procédé soit celui qui offre le moins d'avantages et engendre le plus de dangers, il a été presque toujours préféré par les princes et les conseillers de l'autocratie.

Un reste de force politique, qui s'était conservé parmi les Français après les désordres de la ligue, s'évanouit avec la cessation des états généraux. Les parlements et les ordres privilégiés de l'état cherchèrent à s'approprier l'héritage de ces assemblées; mais Richelieu d'abord, et puis Louis XIV affranchirent la couronne de toute espèce d'opposition, et concentrèrent toutes les forces de l'état dans le pouvoir royal. Louis XIV avait coutume de dire : l'état, c'est moi; et il ne disait en cela rien de trop. Son gouvernement posséda tous les avantages qui résultent de l'unité politique; et ce fut à ces avantages qu'il dut les grands succès et la prépondérance dont il jouit en Europe pendant la première moitié de son règne. Mais la toute-puissance acquise par ce prince ne fut pas long-temps exercée dans l'intérêt de l'état, ni même dans celui du pouvoir royal. L'utilité politique fut sacrifiée à d'ignobles passions. Les scandales domestiques, les profusions insensées, les persécutions religieuses, les guerres mal concertées et plus mal conduites, affaiblirent la souveraineté monarchique. Cependant il ne survint pendant ce règne aucun changement apparent, qui troublât l'unité du pouvoir et indiquât quelque déviation de la force politique. Il n'a fallu pas moins d'un siècle, pour y faire éclore de nouveau et développer le germe de cette force qui donne aux peuples civilisés le droit d'intervenir dans la gestion de leurs affaires.

Les lenteurs de cette éducation furent à peine abrégées par les actes de tyrannie et d'ineptie qui souillèrent la vieillesse du grand Roi, par les folies et le dévergondage de la régence, par l'ignominieuse incurie de Louis XV. La force politique de la population française ne commença à se manifester que sous le règne d'un prince exempt des vices de ses prédécesseurs, mais destiné par la fatalité à en supporter la peine.

Pendant les premières années du règne de Louis XVI, l'unité du pouvoir se maintenait encore; mais il était devenu impossible de le ramener au service de l'utilité. Les vices de la cour l'entraînaient hors de cette route vers une ruine devenue imminente. La probité du prince n'y pouvait rien, et ne devait servir qu'à rendre plus sensible le relâchement d'une force dont il eût voulu prévenir les excès. L'opposition se manifesta d'abord dans les classes supérieures, et se propagea rapidement dans la moyenne et l'inférieure; alors fut révélé ce fatal secret * : que la force politique avait abandonné le trône. La noblesse et le clergé n'ayant aucun moyen de la retenir, elle passa toute entière entre les mains du peuple, qui se contenta d'abord de désarmer la royauté, puis finit par l'avilir et la noyer dans le sang du monarque.

* *Evulgato imperii arcano.* TACIT. hist. l. 1. §. 4.

CHAPITRE XI.

De la force politique des Rois de la restauration.

Je n'écris pas une histoire de la révolution, et je dois me borner ici à examiner ce que fut, pendant quinze ans, la force politique de la royauté restaurée en 1814.

Bonaparte avait reconquis pour le trône cette force qui s'était perdue sous le règne de Louis XVI. Il arriva au pouvoir aidé de celle du peuple, qu'il sut ensuite lui ôter avec beaucoup d'art ; et il se l'appropria bien plus complètement que ne l'avait fait aucun autre monarque français.

L'unité du pouvoir ne fut jamais plus entière qu'entre ses mains ; et son règne n'eût fini qu'avec sa vie, s'il n'avait violé sans ménagement le principe de l'utilité. Habile et heureux dans le jeu des combats, il subit le sort des joueurs opiniâtres, qui deviennent de plus en plus hasardeux , et finissent par tout perdre.

Le peuple ne prit aucune part à la ruine de l'usurpateur de ses droits ; mais cette chute inattendue remua tous les esprits, et remit en activité les éléments assoupis de la force politique nationale.

Louis XVIII excita et régularisa le mouvement, en faisant un appel à cette force dont il crut devoir s'aider contre les exigences de l'étranger et les prétentions aveugles de ses courtisans.

Cet octroi d'une charte, que lui ont tant reproché les royalistes, fut moins une mesure de sagesse que de nécessité. Il n'y avait pas d'autre moyen de conserver la France entière et de laisser au royaume quelque valeur. Mais, si la fin était bonne, les moyens furent mal choisis, et les attributions du pouvoir mal assorties avec la situation où se trouvaient les éléments de la force politique. Le régime constitutionnel fut gâté, dès son origine, par les sacrifices qu'on fit aux préjugés de dynastie et de caste. Le peuple, rappelé au sentiment de sa force, ne pouvait être long-temps réduit à demeurer paisible spectateur des manœuvres dirigées contre elle.

Un autre pouvoir privilégié avait été institué auprès du trône, pour le protéger contre les prétentions populaires, et pour retenir les excès ministériels; mais l'indépendance de son privilége fut rendue illusoire par l'abus de la prérogative royale.

La royauté s'était donné des rivaux, au lieu de créer des auxiliaires. La force politique, qu'elle avait voulu s'attacher, s'éloignait de jour en jour, en prenant de grands développements dans les classes appelées à l'exercice des droits de cité. La pairie en obtint une faible part, pour avoir résisté, quoique mollement, aux entreprises autocratiques.

La fatalité de ces entreprises a été une première

fois démontrée par l'issue qu'elles eurent, après avoir été couronnées d'un faux succès sous un ministère qui était parvenu, par ses intrigues et son audace, à se rendre maître des élections. On obtint ainsi un fantôme d'unité, au moyen de l'assentiment de tous les pouvoirs officiels. Mais ce triomphe factice n'a pu se prolonger au-delà de cinq années. Le dégoût et l'indignation qu'inspira un pouvoir armé de tous les moyens de nuire, lui suscitèrent de tous côtés des oppositions nouvelles; et sa chute prouva combien la force politique de la nation s'était accrue par l'effet des manœuvres dirigées contre elle.

En 1830, des princes et des ministres sans jugement ont pris le parti de renoncer à conquérir, par l'habileté, cette force première et fondamentale. Ils ont osé tenter de la subjuguer en lui opposant la force matérielle qu'ils ont réunie et dirigée sur un point isolé mais central. Celle-ci a été vaincue et dispersée bien plus promptement que les sages n'auraient osé l'espérer; la force politique, qui partout ailleurs était faiblement comprimée, n'a eu qu'à battre des mains et chanter la victoire.

CHAPITRE XII.

Comment la révolution de 1830 était inévitable.

Cette révolution était inévitable, parce que la lutte une fois déclarée entre le pouvoir et la force politique devait arriver à son terme. Le choc de ces deux éléments n'était retenu que par l'intermédiaire des lois.

La force politique craignait avec raison de s'affaiblir en prenant l'offensive, car elle ne pouvait attaquer sans enfreindre la loi.

Le pouvoir qui voyait ses ressources décroître de jour en jour, par les lenteurs du système défensif, perdit toute prudence, et attaqua à la fois la loi et la nation. Il fut vaincu par la loi et par la force.

La conduite ménagée et cauteleuse de l'avant dernier ministère aurait pu sans doute prolonger encore pendant quelques années l'existence ou plutôt l'agonie de cette royauté malveillante. Le prince et la cour ne l'ignoraient point; mais les hasards d'une crise aiguë furent préférés à la certitude d'une mort lente. Cette résolution était conforme aux mœurs et à la nature d'une royauté dont les princes, nourris dans les habitudes du préjugé autocratique, enivrés de flatteries, obsédés de parasites clercs ou laïques, s'étaient laissés convertir par eux en instruments de dilapidation.

Pour que la révolution ne se fit point, il eût fallu que la royauté changeât de nature, c'est-à-dire qu'elle devînt autonome, d'autocratique qu'elle était; et la révolution s'est faite parce que ce changement de nature était devenu indispensable. Ce qu'exigent l'utilité et la force réunies doit s'opérer tôt ou tard; rien ne résiste à la puissance des lois naturelles.

La France aurait pu n'arriver à ce régime qu'après

dix, vingt, trente années, si on eût suivi le système
de temporisation ou de concession, comme on se plaisait
à l'appeler; mais le triomphe de la force politique ne
pouvait manquer d'éclater aussitôt qu'elle aurait été
soumise aux épreuves. Réduite à la défensive, elle se
serait lentement accrue par le bienfait du temps;
attaquée, elle n'eut qu'à se montrer pour dissoudre un
pouvoir sans vigueur dont les jactances furent aussitôt
converties en lamentations. *

CHAPITRE XIII.

Des causes accessoires et accidentelles de la révolution de 1830.

Les détails des causes particulières et accidentelles
de la révolution opérée en 1830 appartiennent à l'histoire. Elles en ont déterminé le mode; mais rien ne
s'est fait par elles seules, et, à leur défaut, le résultat
amené par la nécessité des choses se serait réalisé par
d'autres moyens et avec d'autres accidents. Je me bor-
nerai donc ici à énoncer succintement quelques obser-
vations. On a pu entrevoir dans la guerre d'Alger le
premier symptôme d'un dénouement prochain, parce
qu'après une année d'inertie concertée, le ministère
avait pris enfin la résolution d'imprimer un mouvement
aux forces politiques.

* Apud victos magis quærimoniarum quàm virium. *Tacit. hist.*

L'issue de cette guerre, si elle eût été malheureuse, aurait ôté tout crédit aux ministres; et son succès devait naturellement leur inspirer cette folle confiance qui les a perdus.

L'appel à de nouvelles élections, suivi de la nomination d'un dernier ministre plus décrié que ses collègues; la dissolution d'une chambre non encore formée; la convocation de ses membres dans la capitale, dans l'intention, peut-être, de se donner des otages, mais avec le danger d'en faire un centre d'opposition; plusieurs autres circonstances, dont l'énumération serait ici déplacée, ont eu leur influence sur les évènements; mais la fin de ces évènements a dominé les circonstances, et ne pouvait manquer de s'accomplir. Le pouvoir, ayant jeté le bouclier des lois, était vulnérable sur tous les points. Il avait eu follement recours à la force, quand il suffisait d'un souffle de la force pour le briser.

Nous avons maintenant à examiner quel a été le résultat de cette crise qui a constitué ou est censée avoir constitué le gouvernement français sur un autre principe que celui de l'autocratie.

SECTION II.

DE LA SITUATION PRÉSENTE ET PROVISOIRE.

CHAPITRE Ier.

Du remplacement de l'autocratie par l'autonomie.

Le gouvernement du Roi des Français diffère, dans son essence, de celui des Rois de la restauration.

L'autocratie mixte a été abolie par la force politique. Il faudrait, pour la ressusciter, que cette force fût de nouveau induite à se rallier à un maître.

La monarchie est maintenue, mais non la souveraineté du Monarque. La forme du gouvernement est conservée, mais il a bien réellement changé de nature.

Le fait est incontestable, de quelque manière que l'entendent les législateurs et les politiques. Ils auraient beau appeler du même nom les deux régimes, et les qualifier l'un et l'autre de monarchie constitutionnelle ou représentative. Celle des Rois de France émanait du principe autocratique; celle du Roi des Français est autonome.

Les gouvernements mixtes peuvent appartenir à l'autocratie ou à l'autonomie. Ils reçoivent leurs caractères distinctifs du pouvoir qui les a institués, et des conditions analogues à ce mode d'institution. Quoique mixtes les uns et les autres, ils diffèrent essentiellement par leur principe spécial. C'est ce principe qui fait leur nature.

L'état mixte autocratique n'offre pas d'autre garantie que celle des sermens du prince : or, toute garantie politique, qui ne repose point sur un contrat social, est illusoire. L'autocratie n'admet aucun contrat de cette espèce. Le système des concessions ne lie point un pouvoir qui est souverain. Ses concessions sont par leur nature révocables, à moins qu'il ne cesse d'être souverain.

Charles X, en détruisant la charte de son prédécesseur, a violé ses sermens et les lois de l'état; mais on ne peut nier qu'il n'ait agi selon la nature du pouvoir autocratique, qui ne respecte ni foi ni loi. *

Au demeurant, la constitution mixte de Louis XVIII était essentiellement vicieuse. Il y avait trop peu d'autocratie pour que le pouvoir s'y maintînt, et trop peu d'autonomie pour que le peuple fût satisfait.

La Chine avait depuis long-temps fourni le modèle des autocraties mixtes, et Bonaparte semble en avoir saisi l'esprit, en l'accommodant aux mœurs de son siècle.

* *Nulla regni sancta societas nec fides est.* CICERO *de republ. l. 1.*

L'autocratie mixte n'a pu se maintenir sous les Bourbons, parce qu'elle était mal constituée, peut-être aussi parce que les Français diffèrent trop des Chinois, et que les successeurs de Louis XIV n'ont rien eu de commun avec Bonaparte.

La révolution de 1830 a substitué l'autonomie à l'autocratie, le contrat social aux concessions royales, l'institution de la royauté par le peuple à l'établissement de la société par le prince.

L'état a conservé sa forme monarchique et son nom de royaume. Sa constitution, qui était mixte, est demeurée mixte ; mais la qualité du pouvoir, la condition des gouvernés, et tout ce qui constitue le principe politique spécial, ne sont plus les mêmes choses. Le passage de l'autocratie à l'autonomie a été proclamé par la loi fondamentale, après s'être effectué par l'exclusion de la dynastie régnante. La force politique et la loi se sont mises d'accord par cette proclamation.

CHAPITRE II.

Si l'autonomie mixte est une république.

J'entends s'élever les clameurs de tous les partis. Les uns me disent : cette autonomie, avec un Roi héréditaire , est-elle autre chose qu'une autocratie déguisée? Votre autonomie mixte, s'écrient les autres, n'est-elle point une république? Je répondrai aux uns et aux autres que le mot de république me paraissant indiquer l'essence du gouvernement bien plus que sa forme, toutes les autonomies sont bien réellement des républiques.

Ce serait abuser des termes que d'appeler chose publique (*res publica*) ce qui n'est, au fond, que la chose des maîtres, quel que soit leur nombre. Il est, au contraire, absurde de refuser ce nom à toute combinaison politique, fondée sur l'intérêt public, qui est la chose de tous ou de la société.

Le sens vraiment philosophique de ce mot exprime tout mode de gouvernement qui est choisi par la société, et coordonné par elle à ses besoins en vertu de son pouvoir souverain, qu'elle n'abdique point.

L'autonomie mixte ou royale appartient à cette classe, tout aussi bien que l'autonomie homogène, qui n'est point royale et peut être néanmoins monarchique.

La France a rejeté la monarchie de la restauration. Elle a plus de répugnance encore pour la république de la convention. Faut-il en conclure qu'elle ne veut ni république ni monarchie? Non, certes ; mais elle veut une monarchie républicaine, et une république monarchique et royale.

Les idées attachées à ces deux mots de république

et de monarchie sont loin de s'exclure mutuellement.
Ce sont celles d'autocratie et d'autonomie qui sont
diamétralement opposées. Pourquoi n'y aurait-il pas
des monarchies autonomes, lorsqu'il y a des républiques autocratiques?

La république de Pologne qui avait un roi électif,
et celle de Venise que présidait un doge, n'étaient,
en réalité, que des autocraties oligarchiques. Le peuple
y vivait dans la servitude. Ces gouvernements n'a-
vaient donc rien de commun avec celui des États-
Unis, véritable type des républiques, c'est-à-dire des
états où la société est souveraine. Le régime politique
de la France, depuis qu'elle a conquis son autonomie,
diffère, par la royauté héréditaire, de ce modèle des
gouvernements autonomes ; mais ce n'est là qu'une
forme, et cette forme a été établie par la volonté expresse de la société qui l'a jugée utile. Elle dérive du
même principe que l'élection du monarque temporaire
des États-Unis, et ce principe est celui des véritables
républiques, c'est-à-dire des autonomies. *

Nous sommes donc en république, et il importe
qu'on le sache, pour qu'on ne cherche rien au-delà;
car les efforts dirigés vers un régime républicain

---

* Aristote a paru préférer la république royale à toutes les autres.
Il ne croyait pas, à la vérité, que la royauté civile dût être héréditaire; mais cette hérédité se trouvait établie à Sparte, qu'il consi-
dérait comme une des meilleures entre les républiques.

seraient honorables; ceux qui tendraient vers l'anarchie seraient pernicieux et subversifs.

Renier la république, ce serait méconnaître un fait positif *. La chercher dans un régime moins monarchique, ce serait méconnaître un fait moral; ce serait nous ignorer nous-mêmes.

Que ceux qui desirent la république s'appaisent; elle est instituée. Que ceux qui la craignent se rassurent; nous y sommes. La royauté de l'autonomie mixte a ce double avantage de faire jouir les premiers des droits qu'ils réclament, et de préserver les autres des perturbations qu'ils redoutent.

CHAPITRE III.

Des caractères spécifiques de la constitution de 1830.

Examinons maintenant quels sont les caractères spécifiques de cette autonomie mixte, ou république royale, établie ou du moins promise par la charte de 1830.

Je dis autonomie et république, parce que la suppression du préambule de la charte de Louis XVIII est la déclaration expresse que le pouvoir politique

---

* *Veritas intracta inscitia reipublicæ ut aliena.* TACIT. hist. l. 1. §. 1.

est institué par la société, ne laissant aucun doute sur la nature du nouveau gouvernement.

Des priviléges politiques peuvent se rencontrer dans l'autonomie, et leur établissement est légitime, s'il est résolu par la société qui a le droit d'instituer tout ce qu'elle juge utile à son bien-être et à son repos.

La constitution est mixte quand un seul de ces priviléges est de nature autocratique, quoiqu'il prenne son origine et son droit dans l'autonomie. Tel est, en effet, celui qui, après une première institution, se trouverait conféré et transmis par l'hérédité.

La société de l'autonomie mixte est elle-même fondée sur un privilége d'une autre espèce, qui est celui du cens, mais celui-ci ne dérive nullement de l'autocratie; il prend son origine dans les lois naturelles de la société, qui admettent l'inégalité des conditions. Il se rapporte aux choses plus qu'aux individus qui peuvent tous devenir aptes à le posséder. Les limites doivent être étendues ou resserrées, relativement à la capacité politique des peuples; et c'est de la juste détermination de ses limites que dépend le bien-être de l'état. Cet état est une cité, et la cité est bonne ou mauvaise selon la qualité des citoyens.

Le cens est réduit presque à rien dans l'autonomie homogène, parce que tous y sont réputés capables d'être citoyens. Dans l'autonomie mixte, c'est par le cens qu'on parvient à établir une ligne de démar-cation artificielle entre les hommes qui ne possèdent que la force matérielle, et ceux en qui commencent à se montrer les premiers indices d'une force politique.

Le genre des gouvernements autonomes est caractérisé par le principe spécial qui leur est commun : celui de la souveraineté nationale.

Les caractères spécifiques de l'autonomie mixte se rapportent à la composition de la cité, et aux conditions du privilége établi par elle, et qui fait que le gouvernement est mixte.

L'essence de ce privilége est qu'il demeure subordonné à la souveraineté de la cité; s'il en était autrement, la nature du gouvernement serait changée, on n'en retrouverait plus ni l'espèce, ni même le genre.

CHAPITRE IV.

De la composition de la Cité.

Le caractère spécifique de l'autonomie mixte qui est relatif à la cité, est que la cité soit une chose réelle, c'est-à-dire une représentation de la population du pays par un nombre suffisant de citoyens.

Le droit de cité, c'est-à-dire celui de concourir par le suffrage à la gestion des affaires publiques * est réglé

* C'est la définition d'Aristote. Polit. l. 3. chap. 3.

par les deux conditions de l'âge et du cens dans l'état
actuel de notre législation.

L'âge se trouve réduit de trente ans à vingt-cinq.
Le cens était fixé à 300 fr. d'impositions directes ; on
a laissé à une loi prochaine le soin de modifier ou de
maintenir cette détermination.

Ici il faut considérer que cette loi qui doit constituer
la nation sera faite : 1°. par des députés dont les uns
nommés par le double vote ne représentent que la
seize centième et les autres seulement la quatre centième
partie de la nation ; 2°. par une chambre de pairs
provisoirement héréditaire, émanée de la royauté autocratique.

Sous le dernier régime il y avait environ 80,000
électeurs sur une population de 32 millions de personnes. C'était à peu près une à raison de quatre cents.

Quand la limite du privilége civique est resserrée
à ce point, l'état est une oligarchie. Il n'y a qu'un
pouvoir ami du privilége qui ait pu prescrire un triage
aussi exclusif, aussi inconciliable avec les mœurs d'une
société libre.

Celle qui serait réduite à ne compter dans son
sein qu'un homme capable d'élire sur trois ou quatre
cents, n'aurait aucun droit à vivre sous l'autonomie.

Il importe, sans doute, qu'il n'y ait de citoyens que
ceux qui ont la capacité de l'être ; mais il appartient
seulement à l'autocratie de déclarer l'incapacité de tous

et à l'oligarchie d'en excepter la quatre centième partie.

Si la proportion se trouvait fixée au centième, 32 millions de français compteraient 320,000 électeurs au lieu de 80,000 ; et comme on évalue au dixième de la population le nombre de ceux qui peuvent être appelés à prendre les armes pour la défense du pays, le nombre des électeurs ne serait encore que le dixième de ce dixième.

La fixation d'un nombre d'électeurs déterminé et proportionnel à la population, offrirait peut-être moins d'inconvénients que celle de la quotité du cens. Elle couperait court à toutes les manœuvres administratives qui ont pour objet de diminuer le nombre des électeurs. Il en résulterait un autre avantage non moins important ; c'est que la loi pourrait prononcer la déchéance des électeurs qui négligeraient d'exercer le droit de cité, en le transmettant à leurs suppléants immédiats, d'après la série décroissante des plus forts contribuables.

C'est dans le corps des électeurs qu'est censée résider la force politique. C'est par lui qu'elle est transmise aux représentants et au gouvernement. Cette force, circonscrite dans la centième partie de la population, serait illusoire, si elle ne se trouvait en harmonie avec les opinions et les intérêts des quatre-vingt-dix-neuf autres centièmes de la société, auxquels on n'attribue qu'une force matérielle.

Le nœud de l'unité politique est dans le corps électoral. Il y aurait d'autant moins d'unité dans l'état, que ce corps, réduit à un petit nombre, deviendrait plus accessible aux suggestions de l'esprit oligarchique.

Les sociétés s'améliorent par le rapprochement des classes, non par leur isolement.

L'égalité est le fruit et le prix de l'amélioration politique. Les vices qu'engendre l'inégalité altèrent à la fois les supérieurs et les inférieurs. Or, si une classe inférieure vient à s'améliorer avant celle qui occupe un rang supérieur, quel sera le sort de celle-ci? Un fâcheux avenir ne menace-t-il pas cette oligarchie anglaise, riche, puissante, éclairée, habile à acquérir et à posséder, si le progrès de la civilisation vient à faire passer la force politique de l'état dans les mains des classes non privilégiées, c'est-à-dire de la nation presque entière, qui vit de son industrie et se trouve à peu près exclue de la propriété territoriale? La cité doit se trouver là où réside la force politique. Si les limites de la cité sont trop resserrées, une grande partie de cette force demeure en dehors; le principe de l'autonomie est violé; et on sait aujourd'hui s'il peut l'être impunément.

L'édifice constitutionnel de 1830 a été construit avant que la base fût établie; car tout y devait reposer sur la détermination du droit de cité, qui est encore indécise.

Les Belges ont été plus avisés ayant reconquis, comme nous, la liberté par les armes; ils se sont, avant toutes choses, constitués en nation, en déterminant le droit de cité. En France, on a ajourné cette décision, en laissant à des pouvoirs, constitués suivant un mode autocratique, le soin de régler les conditions de l'autonomie. En présence d'un tel provisoire, on est tenté de se demander si la révolution, qui s'est opérée en quelques jours dans toute la France, en faveur de l'autonomie, a été l'ouvrage de la quatre-centième partie de sa population.

CHAPITRE V.

Du privilége royal.

L'institution royale est la seule qui se trouve déterminée dans la constitution de 1830. Les autres n'y sont encore qu'en principe et en germe. Comme la royauté s'est écroulée subitement à la suite d'une commotion violente, on s'est hâté de la reconstituer pour la conserver; et ce besoin en a fait oublier bien d'autres.

La royauté héréditaire est de tous les priviléges le plus excessif qui se puisse imaginer; mais sa légitimité ne peut être mise en question, lorsqu'il est établi pour l'utilité commune et par la volonté de ceux qui sont les juges légitimes de cette utilité.

Ce mode de légitimité rend à la vérité conditionnelle l'existence d'un aussi grand privilége. Les inconvénients d'une prérogative conditionnelle ne peuvent
être dissimulés ; mais il n'y a point d'inconvénients
que ne surmonte la nécessité des choses. C'est pour
obéir à cette nécessité qu'une nation se donne un roi.
Celles à qui pourraient suffire des magistrats élus et
temporaires, seraient peu tentées d'avoir recours à
un pouvoir privilégié, avec lequel il faut faire ses
conditions.

On ne peut assez admirer le bon sens et la sagesse
de cette population des États-Unis d'Amérique, qui,
changeant de roi tous les quatre ans, s'est pourtant
quadruplée dans un demi-siècle, et a donné l'exemple,
dans cet intervalle, d'un progrès encore inoui dans
les fastes de la civilisation.

Nos états européens n'offriraient pas de tels pro-
diges.

La royauté élective a perdu la Pologne, quoiqu'il
n'y eût rien de démocratique dans ce pays où l'oligarchie était seule maîtresse.

L'oligarchie est au contraire devenue toute puissante
en Angleterre, où elle s'est aidée de ce talisman de
l'hérédité du trône. Ce beau royaume avait été déchiré
pendant un siècle par les querelles de la rose blanche
et la rose rouge, qui avaient mis en question le droit
de l'hérédité, et lui avaient substitué, sous de fausses
couleurs, celui de l'élection.

L'oligarchie hollandaise s'était donné, comme celle de Pologne, un roi électif. Le peuple qu'elle tenait dans l'assujettissement se crut plus libre en lui imposant un roi héréditaire.

Le privilége est une exception à la règle générale. La règle de l'autonomie est que les citoyens soient égaux en droit, et que les pouvoirs politiques soient exercés conformément au vœu et à l'utilité de la société. Le privilége y est donc institué pour cette utilité, et seulement par la volonté des citoyens.

La royauté autocratique diffère totalement d'un privilége. Là où il n'y a point de règle, il ne peut y avoir d'exceptions. L'indignité des peuples fait qu'un maître leur est nécessaire, et il faut que ce maître leur arrive de quelque part.

Quelle que soit la qualité des peuples, la nature a attaché de grands avantages à ce qu'ils soient gouvernés monarchiquement, et la continuité non interrompue de ces avantages est garantie par l'hérédité.

Les mêmes causes rendent cette hérédité utile pour les états autocratiques et pour l'autonomie mixte; elle sert, dans les uns comme dans les autres, à maintenir l'unité.

L'unité de l'autonomie ou de la république serait sans cesse compromise, si une royauté élective et temporaire y tenait les esprits dans une agitation continuelle; si elle soulevait autant d'orages qu'il se nouerait d'intrigues; si elle laissait ouverte une large voie aux ambitions criminelles ; si la société, livrée à elle-même et mal préparée au régime exclusif de la cité, demeurait exposée à tomber fréquemment dans des erreurs irrémédiables.

Les peuples qui ont acquis assez de vertu politique pour se délivrer du joug de l'autocratie, et dont la capacité ne s'élève point néanmoins à la hauteur des devoirs qu'impose l'autonomie, ont été obligés d'avoir recours à cet expédient d'une royauté artificielle, qui commande et ne gouverne point ; qui demeure constamment supérieure au gouvernement et n'est point souveraine ; qui empêche la création de tout privilége et de toute inégalité, en étant elle-même la seule inégalité et le seul privilége.

Telle est, en effet, la royauté instituée par la charte de 1830. Il ne faut pas se le dissimuler ; ce n'est ni l'étendue du territoire, ni la quotité de la population, qui imposent à la France, devenue autonome, le régime monarchique héréditaire. La France a obéi à une cause plus puissante. Ses mœurs, ses habitudes, ses opinions, prescrivent ce régime ; il est le plus utile, parce qu'il semble jusqu'à présent le seul admissible.

Si les Français nommaient un président pour quatre ans, celui-ci ne serait occupé que des moyens de prolonger son règne. En admettant qu'il n'y songeât point, d'autres y songeraient pour lui. S'il s'en rencontrait un assez honnête homme pour renier l'usurpation, il n'en serait pas de même tous les quatre ans.

L'état serait livré aux imitateurs de Bonaparte, lesquels n'auraient point ses talents, chose fort rare, mais auraient son immoralité, chose fort commune.

Aux États-Unis où l'autonomie homogène est garantie par les mœurs publiques, aucun avantage d'un privilége héréditaire ne saurait vaincre la répugnance que lui opposent ces mœurs. Mais en France et en Europe, la royauté civile est la clef du régime républicain : un roi citoyen, identifié à la nation et son interprète, y est le meilleur antidote d'un roi autocrate et maître de la nation.

CHAPITRE VI.

Des caractères spécifiques de la royauté dans l'autonomie mixte.

Les caractères spécifiques de la royauté autonome sont : 1°. qu'elle n'est point souveraine, mais déléguée par le souverain; 2°. qu'elle ne gouverne point, afin de demeurer toujours supérieure au gouvernement; 3°. qu'elle est mise, par cette condition, à l'abri de toute erreur, et peut-être justement réputée infaillible. Ces trois conditions la distinguent nettement de la royauté autocratique, qui est souveraine, qui gouverne, et devient, par là, faillible et responsable.

La science politique des anciens ne s'est point élevée jusqu'à cette haute conception d'une royauté, instituée de manière à préserver les peuples des excès de la liberté, et le pouvoir des tentatives d'usurpation.

Plusieurs philosophes modernes, et notamment le grand logicien Spinosa, avaient cherché, dans leurs méditations, à résoudre ce problème ; mais sa solution devait naître de l'expérience, non de la spéculation.

Cet admirable système d'une royauté constitutionnelle et infaillible s'est créé en Angleterre, à la suite des accidents politiques, produits par la lutte long-temps renaissante des princes et du peuple.

Toutes les fictions, tous les prestiges dont l'adulation et la servilité ont essayé d'entourer le pouvoir autocratique, se trouvent surpassés par le travail de la nature et de l'utilité, en faveur des rois de l'autonomie.

Les maîtres de l'espèce humaine, qui se disent l'image de Dieu, sont mal préservés par cette fausse divinité, qui, laissant leurs vices sans frein, les livre aux chances de la punition. Malgré tous les prestiges de la législation autocratique, l'irresponsabilité, l'infaillibilité politique, seuls attributs royaux où il se trouve quelque chose de sur-humain, n'appartiennent qu'aux rois de l'autonomie. Ainsi, la supériorité de ses princes sur ceux de l'autocratie n'est pas moins fondée sur la nature du pouvoir que sur la qualité des sujets.

Dans l'autocratie, le roi est supérieur à un peuple

qui n'est rien. Il est donc lui-même fort peu de chose.

Le roi de l'autonomie, qui n'est point au rang de ces faux dieux, ne saurait être supérieur à la société, puisqu'elle est le tout ; mais il la représente : il agit comme elle-même agirait, s'il lui était permis d'être constamment réunie. Son pouvoir constitutionnel étant celui de la société, n'a d'autres limites que celles imposées par la nature à la société. Il est donc le plus grand que puissent exercer des hommes réunis en un nombre déterminé.

Ce qui limite la prérogative royale est ce qui fait sa force ; puisqu'au moyen de cette limite toute erreur est rendue impossible au prince, bien qu'il ne soit qu'un homme. Il règne sous la seule condition de consulter la nation à des époques marquées, et de prendre ses agents parmi ceux quelle estime et honore.

La nation choisit des représentants temporaires, elle admet un sénat au partage des travaux de la législation ; mais le roi qu'elle a élevé au-dessus de ces magistratures, a le droit de dissoudre la première ; de choisir les membres de la deuxième ; de sanctionner ou rejetter les résolutions de l'une et de l'autre ; de représenter seul la nation dans ses rapports avec l'étranger.

Si la nation faisait toutes ces choses par elle même, les erreurs qu'elle commettrait seraient à peu près irremédiables.

Aucune nation ne peut être infaillible, mais la science

politique a enfanté ce prodige que le roi d'une nation sujette à errer, peut être mis à l'abri de toute faute, si ce n'est d'une manière absolue, au moins dans ses rapports avec la société.

L'infaillibilité royale est fondée sur la responsabilité des agents qui gouvernent au nom du roi, et qu'il choisit ou révoque à son gré; ou plutôt au gré de la nation dont il interprète les vœux et qu'il consulte au besoin.

Ce système de conduite, qui est tracé par les lois constitutives de l'autonomie, et que, d'ailleurs, suggère au prince le sentiment de sa dignité, le met à l'abri de toute erreur, comme il le maintient élevé au-dessus de tous les pouvoirs. Les ministres et la nation peuvent se tromper; lui jamais. Car s'il se trouve que ce soit une faute d'avoir conservé un ministère agréé par la nation, ou d'en avoir renvoyé un autre qu'elle réprouvait, c'est la nation qui a failli, non le roi; et ainsi se trouve vérifié cet adage de la politique anglaise, que le roi ne peut errer.

Le roi ne devient faillible qu'en violant la loi constitutive de son pouvoir, c'est-à-dire, celle de la royauté civile, républicaine ou autonome. L'exclusion du trône est la suite naturelle de cette violation, et il est difficile que la personne du prince subisse cette épreuve sans que la royauté y soit compromise.

CHAPITRE VII.

Des avantages que la royauté donne à l'autonomie mixte sur celle qui est homogène.

La société de l'autonomie royale ou mixte est moins avancée en civilisation que celle de l'autonomie homogène, dont le monarque est électif et temporaire. Mais quoique les mœurs politiques de celle qui a besoin d'un roi héréditaire soient moins parfaites, il est possible que son régime possède des avantages spéciaux qui manquent à l'autre.

Tous ceux qui caractérisent un bon gouvernement se trouvent réunis dans l'exercice d'une royauté civile, fidèle au principe de son institution.

Cette fidélité est la seule condition qu'il y ait à exiger du prince ; ce qui met le trône à portée de toutes les capacités.

L'habileté n'est requise que dans ses agents ; et comme ils lui sont désignés par le vœu public, si le choix est mal fait, il lui est facile de remédier sans retard à une erreur qui est moins la sienne que celle de la société. Or, il résulte de cette seule condition bien observée, que l'état est constamment gouverné par les hommes les plus estimables et les plus utiles ; que tous les talents politiques sont mis à profit, et que la succession de leurs services n'est jamais inter-

rompue ; que les fautes commises par quelques uns
d'entre eux sont promptement réparées ; que la continuité des conseils, seule capable d'amener à bien les
grandes entreprises, favorise et entretient le perfectionnement des hommes et des choses.

Ce serait sans doute un grand bienfait pour les
peuples des États-Unis Américains, si la continuité
d'un pouvoir dévoué à l'autonomie les préservait de
cette fièvre qui se rallume tous les quatre ans pour
l'élection d'un président, et qui se prolonge quelquefois
par le renouvellement d'un grand nombre de fonctionnaires.

Que deviendrait notre France, sans l'établissement
de ce privilége royal que réclament nos habitudes,
si l'existence de ses cent mille employés était exposée
périodiquement à un bouleversement de cette espèce.

La continuité des systèmes et la suite dans les entreprises sont inséparables d'une bonne autonomie. Les
variations, les inégalités, les mouvements rétrogrades
ou précipités, sont autant de symptômes du caprice
autocratique, ou d'un commencement d'anarchie.

Le bienfait d'une royauté autonome, loyalement exercée, dépasse tous ceux qui peuvent dériver d'aucune
autre institution politique. En théorie, cette royauté
pourrait même être réputée plus populaire que la monarchie d'un président élu périodiquement. Ceci paraîtra
sans doute paradoxal, voici comment je le prouve :
quand la société a choisi ses représentants et son chef

pour une période déterminée ; si ce chef et ces représentants viennent à tromper son espoir, à choquer ses intérêts ou seulement ses opinions, la souveraineté et la force politique sont déçues ; une sorte de tyrannie s'établit jusqu'au terme marqué par une élection nouvelle. Cet inconvénient est corrigé par le système royal, où le prince, qui est élevé au-dessus du gouvernement, n'a d'autre soin a prendre que celui de tenir constamment d'accord le pouvoir et la force politique ; c'est-à-dire les représentants avec les représentés, les délégués avec le souverain. La prérogative royale est instituée pour que l'appel au souverain puisse être fait aussitôt que le besoin l'exige. C'est ainsi que le roi de l'autonomie équivaut à un peuple toujours assemblé.

On peut alléguer, en faveur de l'autonomie homogène, que les choix du peuple étant mieux éclairés ont plus rarement besoin d'être réformés, et le sont d'une manière suffisante aux époques prescrites ; au lieu que dans l'autonomie mixte on a beaucoup plus à redouter les erreurs de la représentation, et même celles de la cité ; qu'ainsi, c'est l'infériorité de ce régime qui nécessite l'emploi d'un remède, dont l'application soit prompte et toujours en main ; mais c'est un immense avantage dans toute société politique, qu'elle puisse être appelée à se guérir et à se préserver de ce qui lui est nuisible dès le moment où elle s'est aperçue du dommage.

CHAPITRE VIII.

Comment l'unité est maintenue dans l'autonomie mixte,
par la royauté héréditaire.

Dans l'autocratie, le monarque gouverne ou est censé gouverner. Dans l'autonomie homogène monarchique, c'est le président qui gouverne de nom et de fait. Le roi de l'autonomie mixte ne gouverne point, et c'est par cette raison que l'unité peut être maintenue dans ce régime, mieux que dans tous les autres.

Ce qui a été dit, au chapitre précédent, sur les avantages de la continuité des conseils et de la suite des entreprises, explique ce paradoxe.

Un roi qui gouverne arbitrairement est sujet à n'être plus le même homme au bout de quelques années; et quand il meurt, les caprices de son successeur succèdent aux siens. Un président temporaire arrive au pouvoir avec le système qu'il s'est fait et qui est rarement celui de son prédécesseur.

Sous le règne du roi autonome, les systèmes du gouvernement ne sont pas issus de la pensée royale; mais de la raison publique. Ils se modifient par les épreuves de l'expérience, et on passe rarement de l'un à l'autre sans transition. La pensée qui les a produits étant celle de la société, est moins sujette à varier que celle d'une succession d'hommes d'état. La société ne meurt point et quoique sujette à vieillir, elle peut être rajeunie. Il s'en suit que le régime politique dont les agents et les systèmes de gouvernement émanent plus immédiatement du corps de l'association, est celui qui est le moins sujet au fléau des variations et des caprices.

L'unité est le but et la condition expresse du régime monarchique. Dans la république gouvernée par un président temporaire, la continuité est sacrifiée à l'unité. Dans l'autocratie, à défaut du prince, l'unité est maintenue par le visir ou premier ministre. Un premier ministre est bien plus nécessaire dans l'autonomie mixte que dans l'autocratie. En voici la raison : là où le prince gouverne, il faut bien que les ministres se plient à la volonté : ainsi cette volonté, bonne ou mauvaise, est une. Mais si les ministres de l'autonomie mixte sont pris parmi ceux qui ont adopté divers systèmes, ils lutteront ensemble dans le conseil, et le roi sera obligé de prononcer entre eux, c'est-à-dire de gouverner, ce qui tend à le rendre faillible et responsable. Il faut au ministère un chef, ou plutôt une ame qui dirige tous les mouvements avec régularité et uniformité ; et il faut que ce chef ne soit pas le roi, afin que le roi puisse le révoquer dès que le bien de l'état le demande.

Il n'y aurait rien de plus absurde, en politique, qu'une combinaison ministérielle où chaque membre aurait son système particulier. Un pareil régime ne serait ni monarchique ni même oligarchique ; car on

ne s'entend mieux nulle part que dans l'oligarchie;
L'unité n'y serait guère moins compromise que dans
la plus démocratique des républiques.

Toutes ces considérations nous font voir que l'institution de la royauté autonome est, en théorie, l'une
des plus admirables conceptions de l'esprit humain;
c'est à l'expérience qu'il appartient de la juger en
dernier ressort.

CHAPITRE IX.

Des priviléges oligarchiques dans l'autonomie mixte.

L'autonomie homogène repousse jusqu'à l'apparence
d'un privilége héréditaire. Toute la force politique y
est en faveur de l'esprit d'égalité. On a vu avec quelle
défiance et quel soulèvement d'opinion fut accueillie,
aux États-Unis encore naissants, la simple association
des guerriers réunis sous le nom de Cincinnati.

L'autonomie mixte est ainsi appelée, parce que le
privilége s'y trouve associé au régime de la cité; mais
c'est par elle seule qu'il y est institué, et il diffère
ainsi, dans son essence, de ceux du régime autocratique, qui sont les dons du prince, ou qui s'arrogent
la supériorité sur le prince ou sur le peuple.

Quand la société fait ou croit faire une chose utile,

elle est seule juge légitime de son utilité, mais son jugement peut être erroné.

L'utilité du privilége royal a été démontrée. Que faut-il penser maintenant de celle d'un sénat prévilégié, ou héréditaire?

Cette question a beaucoup d'analogie avec celle de la noblesse, et n'est point la même dans les états où une classe de privilégiés se trouve douée d'une certaine force politique, et dans ceux où cette classe serait à peine naissante; ou faible, quoique ancienne.

Dans un gouvernement représentatif, il faut qu'une chambre héréditaire représente quelque chose; car son privilége d'hérédité la rend impropre à représenter la nation. Il faut qu'elle représente quelque chose d'héréditaire, et que cette chose soit réelle, distincte et puissante dans l'état.

La raison prescrit toujours d'avoir beaucoup d'égards pour les institutions existantes et pleines de vie. Elle recommande de n'en pas créer de nouvelles qui ne sauraient vivre, et de ne pas se fatiguer à rajeunir celles qui sont arrivées à leur terme.

Montesquieu a énoncé, au sujet des religions nouvelles, une maxime qui s'applique beaucoup mieux aux institutions politiques : « quand on est le maître, « dit-il, dans un état, de recevoir une religion nou- « velle ou de ne pas la recevoir, il ne faut pas l'y « établir; quand elle est établie, il faut la tolérer *. »

---

* Esprit des lois, l. 25. c. 10.

Les gouvernements sont rarement maîtres d'empê-
cher une religion nouvelle de s'établir, et il leur
serait tout aussi difficile de donner la vie à leurs institutions, si elles étaient contraires à l'esprit de la
nation et du siècle.

Un décret de l'assemblée constituante abolit en
France la noblesse; et il faut bien que cette abolition
ait été secondée par les mœurs, puisque les nobles
ayant repris leurs titres après un intervalle de quelques
années, et ayant eu plus de part que jamais aux
faveurs royales, n'ont pourtant recouvré que des richesses sans acquérir aucune force politique. S'ils
eussent d'ailleurs recouvré cette force, ils ne se croi-
raient pas représentés par la pairie, telle que l'a instituée Louis XVIII.

Bonaparte créa un sénat et le fit opulent. Il le tint
isolé de la noblesse qu'il avait ressuscitée, et ne voulut
point qu'il fût héréditaire : il chercha à se faire de l'un
et de l'autre des instruments serviles par l'appât des
titres et de l'argent.

Louis XVIII convertit les sénateurs en pairs, et
cette dénomination, empruntée au vieux temps, fut
peut-être cause qu'il se détermina plus tard à les gra-
tifier de l'hérédité. Il les affranchit, par cette mesure,
beaucoup plus qu'il ne le croyait. La marche du gouvernement en fut embarrassée presque aussitôt, et ce
fut en le contrariant que la pairie parvint à acquérir
quelque considération.

Les seuls moyens qui restaient aux Bourbons pour se rattacher ce simulacre d'oligarchie, façonnée de leurs mains, devaient achever de rendre la pairie inutile à eux ou à elle-même.

Il s'est trouvé si peu de force dans cette institution, qu'aussitôt que le trône a été renversé, on a mis en question ce qui fait son essence, et on a pris une année pour décider si elle devait demeurer instituée selon l'esprit de l'autocratie, ou être coordonnée à celui de l'autonomie.

Il faut donc la considérer comme une de ces religions nouvelles qui ne sont pas encore établies.

Dès lors qu'une nation a été reconnue souveraine, elle abdiquerait sa souveraineté si elle la mettait en partage avec une chambre héréditaire. Cette chambre formerait un état dans l'état; elle serait au sein de la nation comme un corps étranger. Le défaut d'unité y rendrait impraticable le service de l'utilité politique.

L'unité de l'autonomie est fondée sur l'égalité des citoyens; elle est troublée, anéantie par le privilége. Celui de la royauté est établi dans ce régime pour qu'il n'y en ait point d'autre. Cette immense inégalité a pour objet de préserver l'état de toute autre inégalité. Le privilége du roi n'est autre que celui de la nation qu'il représente.

L'autocratie monarchique produit un effet analogue dans les états qu'elle régit, mais l'unité et l'égalité qu'elle y maintient sont celles de la servitude.

CHAPITRE X.

De la prédominance de l'oligarchie dans les états où existe cet alliage.

L'exemple d'un pays voisin nous oblige d'examiner cette combinaison politique, où l'oligarchie héréditaire se trouve associée à l'autonomie mixte. Cette association a existé quelque temps en Angleterre; aujourd'hui elle n'y est plus qu'apparente. L'oligarchie domine et possède tout. C'est elle qui est l'état. Les facultés politiques qu'elle laisse aux autres classes, loin de troubler sa domination, servent à la mieux garantir. Sa constitution la tient rapprochée de la société, en ce qu'elle se recrute dans son sein et s'incorpore les hommes nouveaux que leurs richesses et leurs talents mettent hors des rangs inférieurs. Elle s'accroît par cette affiliation de toutes les forces qu'enfante l'autonomie, et trouve ainsi le moyen de vivre en bonne intelligence avec sa faible rivale, qu'elle flatte en la tenant désarmée.

Il le faut avouer, c'est la prépondérance de l'oligarchie anglaise qui fait la force du gouvernement et y maintient l'unité. Cette unité, cette force seraient bien aventurées, si l'élément démocratique prenait assez d'ascendant pour soutenir une lutte contre l'oligarchie. La réforme parlementaire aurait ce résultat; c'est pour-

5

quoi elle est repoussée par tous ceux qui craignent une révolution. Cette réforme serait sans doute fondée sur le droit ; mais l'Angleterre en serait probablement bouleversée. Dans la situation critique où le temps l'a conduite, la stabilité de son gouvernement repose sur cette législation corrompue et décriée des bourgs pourris.

Telles sont les conséquences prochaines ou éloignées de tout alliage oligarchique dans l'autonomie mixte. La souveraineté y est divisée. Au lieu d'une nation existent deux partis qui ne sont ramenés à la concorde et à l'unité, que par le triomphe de l'un ou de l'autre. La société est en désordre jusqu'à ce qu'elle ait subjugué le privilége, ou qu'elle se trouve par lui maîtrisée.

Le roi de l'autonomie mixte oligarchique ne possède qu'en apparence les belles prérogatives de la royauté civile. Il n'est guère qu'un doge ou un stathouder à manteau royal. L'oligarchie étant maîtresse de la plus grande partie des élections, c'est elle qui impose au roi ses ministres, qui fait les lois, en un mot, qui gouverne.

La dissolution du parlement n'est plus qu'une forme, et a cessé d'être un appel à la nation qui n'est point représentée. Elle est, tout au plus, un appel à l'oligarchie, quand celle-ci est divisée d'opinion et tend à s'éloigner des ministres qu'elle avait mis en place.

L'oligarchie anglaise est parvenue à ce haut degré de puissance par les suites naturelles de la révolution de 1688. Elle était déjà douée d'une grande force avant cette révolution ; elle y a pris beaucoup de part, et n'a eu aucune peine à s'approprier les fruits de la victoire ; on a pu contester la légitimité de cette acquisition, mais elle s'est opérée lentement et s'est consolidée sous le voile de l'utilité. Les forces politiques du peuple anglais ont été amenées à l'unité par les conquêtes de l'oligarchie.

Cet exemple nous enseigne comment l'alliage d'une noblesse privilégiée peut s'établir dans l'autonomie mixte, après l'abolition de l'autocratie ; et quelles sont les conséquences de cette combinaison.

Une oligarchie, anciennement établie et déjà puissante, le devient d'avantage quand elle a pris une part active au mouvement révolutionnaire. Elle se rend maîtresse du pouvoir, quand sa civilisation politique est plus avancée que celle des autres classes de la société ; quand les nobles valent mieux que les citoyens.

CHAPTRE XI.

Du Sénat de l'autonomie mixte.

L'autonomie homogène a trouvé de grands avantages dans l'établissement des deux chambres législatives. Elle peut néanmoins s'en passer ; ce qui n'est point permis à l'autonomie mixte. Un roi et une seule chambre forment de toutes les combinaisons la plus absurde. Les publicistes de France et d'Espagne en ont jugé autrement dans leurs premiers essais. Il est à présumer qu'on n'y reviendra plus.

L'objet final de l'institution d'une seconde chambre (sénat, pairie, ou conseil des anciens), dans l'autonomie mixte, est de soumettre les résolutions législatives à un examen contradictoire, où sont appelés les hommes les plus sages et les plus expérimentés.

On voit, d'abord, qu'il n'y a aucune raison de livrer au hasard de la naissance le choix de ces conseillers.

L'hérédité engendre l'esprit de corps et non l'esprit public qui est l'ame de l'autonomie. Si on met en présence une chambre de représentants élus et une chambre héréditaire, ce n'est point entre les opinions que sera le débat, mais entre les intérêts, les passions, les préjugés. Les questions d'état seront, avant tout, personnelles, et l'antagonisme aura le pas sur le patriotisme. Au lieu d'unité, s'établira une collision, dont l'issue doit jeter le pays dans l'oligarchie ou la démocratie.

On a vu, au chapitre précédent, comment l'esprit de corps de l'oligarchie se convertit en esprit public, quand le privilége s'est emparé du pouvoir. L'esprit public des citoyens prend, à son tour, le caractère de l'esprit de corps, quand il s'agit de combattre une classe de privilégiés.

L'autonomie mixte est mal constituée avec de telles combinaisons. Il n'y faut qu'un roi et qu'un peuple, et non deux peuples ou deux rois. Deux chambres législatives y sont utiles, nécessaires même; mais elles doivent différer par leur forme plutôt que par leur nature, afin d'être inspirées par le même intérêt, animées de l'esprit public, et étrangères à l'esprit de corps.

J'ai dit que l'institution de deux chambres avait été introduite utilement dans l'autonomie homogène. Voici la différence qui existe, à ce sujet, entre les deux régimes. Dans celui qui est mixte, les magistrats de la chambre haute sont nommés par le roi; dans l'autonomie homogène, ils le sont par la cité.

La prérogative laissée au roi de choisir des sénateurs à vie ou à long terme, ajoute un grand poids à l'autorité royale. Celle de nommer des pairs héréditaires est d'une faible importance, vu qu'elle est très-limitée par la nature des choses. Les publicistes anglais vantent beaucoup cette institution ; c'est qu'ils entendent que la royauté demeure subordonnée à la pairie.

La prérogative du roi de l'autonomie mixte n'est point un faux semblant comme celle des rois supposés par l'oligarchie. La liberté publique est intéressée à ce qu'il soit roi de nom et de fait, et que, sans gouverner par lui-même, il demeure, comme la nation, supérieur au gouvernement.

CHAPITRE XII.

Du mode de transition de l'autocratie à l'autonomie.

———

Les peuples de l'autocratie mixte passent à l'autonomie, ou d'une manière lente et progressive qui procède du changement des hommes à celui du principe, ou par un mouvement subit qui renverse le principe, et s'étend ensuite aux personnes. La première voie est la plus sûre, parce qu'on y avance paisiblement, avec circonspection, et sans laisser en arrière aucune des grandes difficultés.

La seconde voie est douteuse et incertaine; les esprits s'y trouvent souvent mal préparés, et pris en quelque sorte au dépourvu.

Plus il se trouve de choses à faire après une révolution, plus elle est défectueuse. Or, il y a toujours beaucoup à faire, à la suite de celles qui s'opèrent brusquement et avec violence. Cela vient de ce que les hommes d'état, qu'une secousse inattendue a porté au timon des affaires, voient déjà leurs systèmes et leurs calculs dépassés par la force que l'accélération du mouvement a engendrée; et qu'au lieu de seconder ce mouvement, en le dirigeant, ils se croient obligés de le contrarier, et de lui imprimer une marche rétrograde. Leurs préventions et leur fausse prudence les portent à désavouer la force politique; aussi sont-ils bientôt désavoués par elle.

Si le changement qui s'est établi dans le principe du gouvernement, est fondé sur des causes naturelles dont la puissance est apte à les consolider, la science politique consiste à se hâter d'en appliquer partout les conséquences, et de lui coordonner tous les moyens politiques, les choses et les hommes, les lois et les agens des lois.

La maxime générale est que les formes, les mobiles, les instruments du gouvernement soient mis en harmonie avec son principe.

Les états se maintiennent, a dit Salluste, par l'emploi des mêmes moyens qui ont servi à les établir *; c'est-à-dire, par la conformité des moyens de conservation avec le principe qui est mis en vigueur.

Il faut donc emprunter ces moyens à cette même force politique qui a fait prévaloir le principe.

L'autocratie a pris quelquefois le parti de se déguiser, en introduisant dans l'état des formes et des mobiles politiques qui semblent étrangers à son principe; ces concessions du pouvoir absolu ont été toujours les indices de sa détresse et de cet état de faiblesse qui précède la mort.

L'autonomie qui n'est établie qu'en principe, mais

* *Imperium facilé retinetur iis artibus quibus initio partum est.* SALL. Catil.

qui s'est établie par la force de ce principe, ne peut
être long-temps retenue et contrainte par les fausses
spéculations de quelques hommes d'état à qui elle a
confié des armes qu'ils ne savent point manier. As-
saillie, dès sa naissance, par les hommages et les caresses
de cette fourmilière d'agents autocratiques, dont la
cupidité prend toutes les formes; condamnée à voir
éclore dans son sein tant de germes de servilité et
d'hypocrisie, qu'une éducation corruptrice a jeté dans
la société, elle doit assurer son repos et celui des
peuples, en mettant partout en harmonie le pouvoir
et la force politique qui a triomphé, et en délogeant
l'ennemi de toutes ses positions.

CHAPITRE XIII.

*Qu'il ne faut pas agir, à la suite des révolutions,
comme à la suite des conspirations.*

Les conspirations sont dirigées contre les hommes;
et quand ces hommes sont changés, elles se trouvent
accomplies. Les révolutions ont leur but et leur fon-
dement dans les choses; elles ne s'achèvent qu'autant
que les choses ne restent plus les mêmes.

Or, les révolutions qui ne s'achèvent pas, sont de
la pire espèce. La force qui les a commencées est
induite à se remettre en mouvement pour les com-
pléter, ce qui met la société au supplice. Une révo-

lution peut être bonne et utile; les saccades révolutionnaires sont toujours fâcheuses et mauvaises.

Il arrive souvent que les hommes d'état veulent traiter les suites des révolutions, comme si elles n'étaient que des conspirations. Après un mouvement qui a remué la société toute entière, on dirait qu'ils ne voient autre chose qu'eux-mêmes. Les anciens meneurs étant remplacés par eux, tout leur paraît terminé, dès qu'ils ont pu se revêtir des armes de l'ennemi. Mais c'est aux armes, plus qu'à l'ennemi, qu'en veulent les peuples qui renversent leur gouvernement.

L'enfantement d'une révolution est toujours laborieux; la maladresse des accoucheurs prolonge la souffrance, et peut amener l'avortement.

Rien n'est plus pernicieux, à la suite d'une révolution, que l'intervention de ces esprits spéculatifs, qui ignorent et méprisent l'expérience; qui jugent des faits par l'abstraction, au lieu de baser l'abstraction sur les faits; qui admettent un principe, et en éloignent les conséquences; qui négligent les choses utiles, pour en poursuivre de chimériques, et se fatiguent à opposer un peu de sable à une force qui a entraîné des montagnes.

L'impéritie ministérielle est le fléau capital de l'autonomie, puisque la trahison peut difficilement y ébranler la force politique.

Si une nation veut ce régime, elle en veut les

moyens. C'est à ses représentants et à son gouvernement, qu'est imposé le devoir de mettre ces moyens
en activité ; s'ils méconnaissent cette obligation, ou
si elle dépasse leurs forces, d'autres doivent prendre
leur place. L'institution royale est, dans ce cas, d'un
admirable secours ; elle suffit pour mettre un terme
aux imprudences ou au sommeil des hommes d'état,
et à l'impatience des peuples, toujours prête à devenir
turbulente, quand elle n'espère rien. Le trône et la
société reposent sur une même base. Leur principe
est le même ; et ce principe n'est point une illusion,
puisqu'il dérive d'un fait positif qui est la situation
où se trouve la force politique.

Les ministres ou les représentants qui, soit erreur
ou malveillance, combattent cette force, et substituent
leur jugement ou leurs passions à la raison publique,
nuisent au prince autant qu'à la société : en remettant
en question le droit de celle-ci, ils compromettent
manifestement le privilége royal.

Il est dans l'ordre des lois naturelles, que ceux qui
gouvernent, après avoir triomphé dans une conspiration, se conduisent en hommes habiles. C'est ce
qu'ont fait Cromwel et Bonaparte. Mais, à la suite
d'une révolution, ce ne sont pas toujours ceux qui
l'ont faite, que le cours des affaires appelle au gouvernement. Les révolutions sont moins l'œuvre de
quelques-uns, que le produit de causes générales. Ces
quelques-uns qui sont appelés à gouverner, s'ils n'ont

pas fait eux-mêmes le mouvement, doivent, au moins, le comprendre.

En fait de politique, il s'agit de comprendre, a dit Spinosa, et non de déplorer et d'invectiver.

CHAPITRE XIV.

De la coordination des choses au principe de l'autonomie.

Il faut à l'autonomie mixte, comme à tous les gouvernements, des lois et des fonctionnaires qui soient en rapport avec son principe. Il n'est jamais besoin d'enseigner cette maxime à l'autocratie. Ses précautions à ce sujet vont toujours au-delà de ce qu'exigeraient l'utilité et les convenances. Cela vient de ce que l'autocratie est faible dans son essence et se voit obligée d'emprunter la force d'autrui. L'autonomie qui ne doit rien qu'à elle-même, est au-contraire portée à devenir confiante jusqu'à l'imprudence.

Les excès qu'on peut commettre en suivant cette maxime ne justifient pas les hommes d'état qui en négligent la juste application. Tous les régimes politiques ont leurs parties faibles et leurs dérèglements; et ceux nouvellement établis sont plus désordonnés que les autres; mais combattre les dérèglements de l'autonomie avec les lois et les hommes de l'autocratie, c'est remettre en question le principe et la nature du gouvernement. Quand une révolution est décidée, rien n'est plus fâcheux que d'avoir à la renier ou à la refaire.

Les moyens de gouvernement qui ne sont pas en harmonie avec un principe politique nouvellement établi se tournent contre ce principe.

Je ne choisirai pas mes exemples ailleurs que dans l'histoire de ces derniers mois.

La charte de Louis XVIII avait proclamé le libre exercice de tous les cultes ; mais un règlement de police du Code Napoléon défendait la réunion de plus de vingt personnes sans l'autorisation du pouvoir administratif. Le tribunal suprême, imbu de l'esprit autocratique, avait saisi ce prétexte d'un article de loi règlementaire pour prohiber et annuler ce qui était promis et garanti par la loi fondamentale. Cette jurisprudence, qu'il a fallu endurer sous l'autocratie, s'est reproduite depuis l'établissement de l'autonomie, parce que la loi et les juges sont restés les mêmes. Ce qui est plus étrange, c'est que le nouveau gouvernement a eu aussi recours, contre une société populaire, à ce règlement, dont il n'a pas nié le vice et l'indignité, et il a été vivement excité à prendre cette mesure par la voix d'un grand nombre de députés.

L'avenir fera connaître les effets de tant d'anomalies laissées ou conservées dans l'ordre judiciaire et la législation. En attendant, toutes les positions en sont interverties ; les doctrines de la tyrannie sont pro fessées par les orateurs jadis populaires; les accusés se trouvent convertis en juges, et les juges en accusés. Des tribunaux entiers sont mis en état de suspicion; les consciences sont familiarisées avec le parjure, et la restriction mentale se trouve recommandée comme un devoir politique; enfin, l'autorité des lois demeure flétrie par l'iniquité avouée d'une seule ou de quelques-unes.

Dire à une nation : cette loi est mauvaise, et je vous propose de la maintenir, c'est avouer qu'on n'a rien imaginé de meilleur à lui substituer, c'est se reconnaître incapable de gouverner.

En vérité, sans les exemples dont nous venons d'être témoins, j'aurais cru me moquer du lecteur, en insistant sur cette maxime si triviale, que le principe du gouvernement étant changé, il faut coordonner les lois et les agents politiques au régime qui vient de s'établir.

En tout état de choses, il convient de s'aider de ses amis, et de se méfier de ses ennemis.

CHAPITRE XV.
De la réforme des lois.

L'énumération et l'examen des lois françaises, qui sont en contradiction avec le principe et l'esprit de l'autonomie, exigeraient un long traité.

Le génie tyrannique de Napoléon a laissé beaucoup

à faire à ceux qui se trouvent appelés à constituer l'autonomie. Rien n'a été négligé par cet habile usurpateur, pour tenir la société enveloppée dans les réseaux du pouvoir.

Ses inspirations autocratiques ont pénétré partout. Elles ont souillé le code civil, et même le catéchisme.

Il n'a pas jugé à propos de fermer les voies de la civilisation et du perfectionnement à la législation purement civile ; mais il a marqué du sceau de la tyrannie toutes les dispositions qui se rapportent à la vie politique.

Son code pénal est d'une sévérité outrée ; son code militaire, dont les défauts ont été aggravés par la restauration, est dirigé contre les libertés publiques. Celui de l'administration dépouille de toute garantie les habitants des provinces, et en fait la proie des parasites préposés par le gouvernement. Le régime fiscal met le sceau à cet asservissement, en livrant la société aux exigences des hommes qu'elle estime d'autant moins qu'elle est forcée de les haïr.

L'autonomie, même mixte, ne peut se concilier qu'avec des lois fiscales qui ne choquent point les égards dus aux personnes. Il lui faut des lois administratives, qui servent et maintiennent les intérêts locaux ; des lois militaires, qui laissent au soldat les mœurs des citoyens ; et des lois pénales, qui répriment et punissent les délits par des moyens plus justes et plus efficaces que ceux de la vengeance et de la cruauté.

Le travail de cette réforme, il faut le dire, est à peine commencé et mal commencé, puisque les lois politiques sont encore à faire. La souveraineté de la nation a été proclamée, et se trouve n'être provisoirement que celle de la quatre-centième partie des Français. La nation est reconnue seule souveraine, et on ignore encore si elle n'entrera pas en partage de cette souveraineté avec quelques centaines de familles.

Après de telles anomalies, il ne faut pas être surpris si on s'obstine à maintenir un régime fiscal abhorré, avec cette armée de publicains et de parasites que nous a légués l'autocratie, ni si des lois élaborées par la tyrannie tiennent encore leur rang dans nos codes. Elles en seront, sans doute, effacées, puisque l'autocratie ne peut ressusciter ; mais quand le seront-elles, et comment ?

CHAPITRE XVI.

Du Parasitisme.

Le régime de l'autocratie mixte est celui des parasites. Cette espèce y pullule bien plus que dans l'autocratie homogène, où le despote, pouvant tout envahir, n'admet au partage de la proie que ceux qu'il est toujours le maître de dépouiller.

Le prince de l'autocratie mixte est, au contraire, réduit à transiger avec la horde des audacieux et des affamés, qui se vendent à lui sous la condition de puiser, à pleines mains, dans le trésor de l'état.

L'autocratie mixte est le plus dispendieux des gouvernements. L'armée y est faite pour les états-majors; les impôts sont créés dans l'intérêt des financiers; l'administration est constituée au profit de ceux qui administrent; les travaux publics s'y font pour le bon plaisir des ingénieurs; on y vend jusqu'à la permission de s'instruire, afin de solder des tyrans de l'instruction. *

L'autocratie mixte établit partout des conseils, afin de multiplier le nombre de ceux qu'elle fait vivre et par qui elle vit. C'est la polysynodie des parasites; quand cette polysynodie survit au régime autocratique, elle engendre dans l'autonomie de nouvelles générations de parasites. C'est alors le cas de s'écrier avec Tacite: D'autres hommes, mais non d'autres mœurs. **

---

* Ce dernier trait de machiavélisme autocratique a été inventé par l'empereur Napoléon. C'est peut-être la plus infernale de ses conceptions. Les Bourbons de la restauration n'ont eu garde de sacrifier, même aux jésuites, ce monopole et cette fiscalité universitaires, que l'explosion populaire a fait rayer de la charte, mais que nos dogmatistes politiques travaillent à conserver dans les lois positives.

** *Magis alii homines quam alii mores.* TAC. hist. l. 2. §. 95.

Les impôts les plus odieux sont ceux qui font vivre un plus grand nombre de préposés. De tels impôts ne peuvent avoir leur origine que dans le régime autocratique. Quand l'autonomie survient, ils sont, malgré la violence de la clameur publique, les plus difficiles à déraciner.

Deux mois après la révolution de 1830, l'impôt sur les boissons a été vanté par les organes du gouvernement, comme le chef-d'œuvre de la science fiscale, tant il y a de puissance dans une ligue de parasites qui, depuis plus de vingt ans, tient enveloppées de ses fils toutes les branches de l'administration. Peut-être alléguera-t-on, pour justifier l'emploi de ce système fiscal, l'exemple de l'Angleterre; mais le régime mixte de cet état appartient moins à l'autonomie qu'à l'oligarchie héréditaire, le plus impérieux des gouvernements et le plus fécond en parasites. Il y a bien moins d'esprit autocratique dans les gouvernements militaires de l'Europe centrale, que dans les lois fiscales, le code pénal et la presse des matelots de cette vieille Angleterre, réputée si républicaine.

L'autonomie homogène repousse les parasites; aussi est-elle justement désignée comme étant le gouvernement à meilleur marché. L'autonomie mixte est moins parcimonieuse; ses mœurs ne sont point aussi sévères; on y transige avec les préjugés et les habitudes, au lieu de les refouler et de les extirper.

Mais l'amélioration des mœurs politiques est pour

6

ce régime une condition d'existence; il est en danger de périr, si elles rétrogradent. Il faut que le pouvoir des préjugés et des parasites y aille en déclinant. La carrière y demeure ouverte à toutes nos entreprises, à toutes les conceptions qui ont en vue l'intérêt de la société. Ainsi le cours des choses y doit éloigner des fonctions les hommes inutiles, et faire passer le gouvernement entre les mains des plus capables et des plus estimés.

Le licenciement des parasites est l'œuvre la plus difficile que l'autonomie ait à accomplir, à son avénement. Il ne faut rien moins qu'une autorité despotique, pour trancher dans cette plaie gangreneuse de l'état. J'ai lu dans une statistique du Portugal, faite par le général Dumourier, que le ministre Pombal retrancha d'un trait de plume plusieurs milliers d'employés des bureaux ministériels, et n'en conserva que trente-deux.

Je ne crains pas d'avancer, que si un négociant d'une capacité un peu plus qu'ordinaire, était fait entrepreneur de l'administration, il n'hésiterait pas à réduire au tiers ou au quart le nombre de ses employés, et en réduirait la dépense à moins d'un dixième. L'autonomie doit régir ses affaires, comme un négociant régit les siennes.

CHAPITRE XVII.

Des Monopoles.

Une étroite affinité lie ensemble les parasites et les monopoles. Les richesses que l'autonomie fait produire au travail et à l'industrie, sont livrées gratuitement aux parasites de l'autocratie, par les effets du monopole. Les impôts indirects ne sont, la plupart, que des monopoles patents ou déguisés. Si on excepte ceux qui portent sur les objets de luxe, tous sont conçus selon l'esprit de l'autocratie.

C'est pourquoi, dans l'autonomie, les monopoles sont plus supportables, à mesure qu'ils se rapprochent davantage des impôts sur le luxe.

Celui du tabac est moins odieux que celui du sel; et celui du sel l'est moins que celui des boissons dont l'impôt équivaut à un monopole.

Celui des jeux pourrait être assimilé aux impôts sur le luxe, si son immoralité le rendait excusable parmi des hommes libres.

Il faut attaquer les parasites dans les monopoles qui sont leurs citadelles, puis les poursuivre dans les asiles qu'ils se sont ménagés partout ailleurs.

CHAPITRE XVIII.

De l'initiative des lois.

Toutes ces réformes sont devenues plus faciles, par l'attribution qu'ont les deux chambres de proposer la loi. Cette initiative rend toute-puissante celle qu'exercent les écrivains d'une nation libre, et même faiblement représentée. La concurrence des chambres, à la proposition des lois, laisse le gouvernement en pleine liberté de diriger les affaires; mais elle lui impose des conditions de prévoyance, d'habileté et de supériorité, sans lesquelles il ne pourrait se maintenir. On conçoit qu'au milieu de toutes ces propositions de lois, la force de l'opinion s'attachera inévitablement aux hommes qui proposeront les mesures les plus utiles au bien de l'état. Cette rivalité des ministres, des sénateurs, des députés, des écrivains, est le mobile essentiel de l'autonomie mixte. La pomme est au plus habile et au meilleur conseiller.

En Angleterre, où les deux chambres partagent le droit d'initiative avec le gouvernement, si celui-ci se laissait prévenir ou surpasser dans l'exercice de cette fonction vitale de la politique, il serait censé avoir donné sa démission.

Je me permets une réflexion, au sujet du mode usité par le gouvernement de ce pays, pour l'exercice de son initiative. La loi y est proposée par les membres du parlement qui sont ministres, non par le roi. Cette puissance royale est tellement abstraite en Angleterre, qu'on n'y saurait admettre qu'elle puisse essuyer un refus. Le roi n'y recule jamais. Toute démarche qui pourrait paraître rétrograde, est mise sur le compte des ministres.

Cette manière de procéder ne pouvait convenir à l'autocratie mixte établie par la charte de Louis XVIII. La proposition des lois appartenant seule au gouvernement, avait besoin d'être secondée par le prestige du pouvoir royal; mais le refus des deux chambres ne pouvait manquer d'affaiblir ce prestige.

L'art politique se refuse à donner le caractère d'infaillibilité aux rois de l'autocratie. Ceux de l'autonomie peuvent seuls y prétendre. C'est donc à leurs ministres qu'ils doivent laisser le soin de proposer les lois qui peuvent être refusées.

SECTION III.

DE L'AVENIR.

CHAPITRE Ier.

De l'incertitude de la situation présente.

Le principe spécial du gouvernement est proclamé; c'est celui de la souveraineté nationale. L'autonomie est instituée, mais non encore constituée. Des trois pouvoirs qui concourent à former la loi, la royauté est seule organisée. Le mode de succession est établi; la prérogative est fixée; les conditions, qui obligent le prince et la société, sont posées. L'édifice a été commencé par le faîte; ses bases sont encore indéterminées.

La constitution de la cité, celle de la chambre des représentants et de la deuxième chambre sont encore dans l'état provisoire; il reste à les coordonner au régime de l'autonomie.

Cette situation n'est pas seulement provisoire; elle est, en quelque sorte, contradictoire. Il y a un peuple souverain, et on ne sait où trouver ce peuple. Le nombre des citoyens demeure réduit à la quatre-centième partie de la population; et, à côté de ce singulier privilége, s'en élève un autre bien plus étrange, celui d'une chambre héréditaire. Ainsi, la nation proclamée souveraine n'est encore ni seule souveraine, ni représentée dans la portion de souveraineté qui lui est laissée.

L'espèce du gouvernement se trouve déterminée nominativement par la proclamation du principe, mais elle est encore dénuée de ses caractères spécifiques. Jusqu'à ce qu'elle ait acquis ces caractères, on n'y voit qu'un germe imparfait, à demi éclos, qui ne saurait vivre, ou qui vivrait mal et peu.

La vie de ces êtres politiques, mal conformés, est comme celle des insensés dont parle Sénèque, incertaine, turbulente, et n'ayant de réalité que dans l'avenir *.

CHAPITRE II.

De la force politique, considérée dans l'avenir.

Si on cherche à prévoir quelles chances sont réservées, dans l'avenir, aux institutions provisoires, qui ne sont point en harmonie avec le principe nouvellement établi, il faut examiner quelle est la force de ce principe, et si elle est en position de croître ou de décroître.

* *Stultorum vita ingrata est, trepida est, tota in futurum fertur.* Seneca, Ep. 15.

Les gouvernements sont la représentation et le produit de la force politique. Où elle se trouvera dans l'avenir ; là sera aussi le pouvoir.

Les conquêtes et les usurpations peuvent faire prévaloir, quelque temps, une force matérielle; mais la puissance de la civilisation est maintenant si active, que l'autocratie est à la veille de manquer d'instruments; les peuples la servent mal ou lui échappent.

Au troisième siècle, la force appartenait encore, presque exclusivement, au clergé et aux seigneurs, c'est-à-dire aux possesseurs de fiefs.

Les associations renaissantes des communes, la découverte des armes à feu, et surtout l'établissement des armées permanentes, firent passer cette force entre les mains des princes. Ceux-ci l'auraient plus longtemps retenue, si les progrès du commerce et de la navigation, l'imprimerie et le pouvoir des sciences n'avaient remis en mouvement l'activité intellectuelle des classes non privilégiées. Les effets toujours progressifs de cette activité ont converti lentement la force matérielle des peuples en force politique.

Au dix-huitième siècle, l'Angleterre était le seul royaume de l'Europe où cet élément nouveau eût pris quelque ascendant sur la conduite des affaires. On commençait à peine à soupçonner sa présence chez d'autres peuples du continent, où il germait secrètement, jusqu'à ce qu'il fît son explosion en 1789.

En France, depuis ce moment, la force politique a cessé d'appartenir aux maîtres, comme maîtres ; il n'a plus été possible de la tenir en main à ce titre, sans une grande habileté. C'est à cette condition que Bonaparte l'a possédée pendant quelques années ; c'est en manquant à cette condition qu'il l'a perdue.

Or, la condition de l'habileté ne peut être imposée aux princes d'une autocratie héréditaire. Cette obligation serait non exigible et contre nature. A défaut de maîtres habiles, la force politique se rallie à des ministres habiles tels qu'en doit présenter le régime de l'autonomie mixte ou royale. Enfin, si ces ministres ne se trouvent point, elle passe aux mains des démagogues habiles, à moins que le peuple n'ait assez de capacité pour se suffire à lui-même.

Ainsi, de toutes les chances de l'avenir, aucune n'est en faveur d'un établissement autocratique permanent ; et toutes semblent promettre l'accroissement graduel, quoique irrégulier et oscillatoire, de la force politique des peuples.

Les faits historiques suffisent pour rendre cette progression manifeste ; et ces faits s'expliquent d'eux-mêmes, par la cause dont ils dépendent. Cette cause est la civilisation des esprits, d'où dérive la civilisation politique.

CHAPITRE III.

De l'avenir de l'autonomie.

L'esprit d'autonomie fit la révolution de 1789. Il s'égara dans la route qui fut tracée par l'assemblée constituante, et finit par se perdre dans l'abîme de l'anarchie. Ce qui en restait, après le massacre des tyrans de la convention, ne fut plus suffisant pour faire vivre une institution purement démocratique ; mais son principe exerçait encore quelque empire sur l'opinion, puisque l'usurpation militaire jugea à propos de se travestir, en conservant le nom et les formes de la république.

Les germes de l'esprit d'autonomie ne furent pas étouffés par un règne de quinze ans de cette autocratie parée de mensonges et de lauriers. Lorsqu'elle a été renversée par l'excès de ses fautes, bien plus que par la coalition des rois de l'Europe, ces rois eux-mêmes ont pensé que les français ne sauraient vivre en paix sous un pouvoir dont l'arbitraire ne serait point déguisé.

Quinze autres années d'un régime mixte ont été remplies par la lutte des intérêts de la société et de ceux de l'autocratie. Cette lutte non interrompue a favorisé le développement, et hâté la maturité de l'esprit d'autonomie. La victoire qu'il vient de remporter ne lui laisse plus de rivaux à combattre; il n'a plus rien à craindre que de ses amis faux ou faibles.

La question de son avenir ne saurait être mieux résolue, qu'en employant la méthode d'exclusion. Là où l'autocratie est devenue impraticable, il faut bien que l'autonomie finisse par s'établir.

La force politique de l'esprit d'autocratie peut encore susciter des tracasseries, et troubler, par des intrigues, la paix de l'état; mais il ne lui est plus possible d'usurper le pouvoir, ou du moins de l'occuper.

L'anarchie est un orage passager. Si l'autocratie qui lui succède ordinairement, rencontre des esprits qu'elle ne puisse séduire ou tenir comprimés, elle-même devient passagère, et l'autonomie renait de ses cendres. A chaque nouvelle épreuve, elle se sent plus forte et mieux instruite. Il faut bien que son éducation s'achève, quand elle est dirigée par la nécessité.

Les exemples de la France de l'Angleterre et surtout de la Belgique, dans ces deux derniers siècles, ont fait voir ce qu'un intervalle d'un demi-siècle peut ajouter à la capacité des peuples qui ont pris leur marche vers l'autonomie.

En France, le régime autocratique a vécu. Tout ce qui reste de cet élément politique dans la société, est flétri et desséché dans ses racines. Le privilége y est sans vigueur, parce qu'il est sans cause.

Les mœurs et les manières ne sont pas encore en pleine sympathie avec cette opinion qui nous a poussés

vers l'autonomie, mais elles en sont de plus en plus
affectées. Ce ne sont pas toujours les mœurs qui font
l'opinion; l'opinion change souvent les mœurs en changeant les habitudes. Il faut d'abord croire aux choses
avant de s'y accoutumer, et on s'accoutume à ce qu'on
croit nécessaire.

Voilà ce qui assure de plein droit l'avenir de l'autonomie, non pas seulement en France; mais dans tous
les pays où la civilisation politique a jeté ses racines.

Bonaparte a fait voir comment l'esprit d'autonomie
pouvait être réprimé et éludé; mais ce grand maître
en fait de tyrannie n'ignorait pas, même au temps de
ses succès, que ces moyens n'auraient qu'un effet
passager et tomberaient avec lui. La providence a voulu
qu'il apprît, avant sa mort, ce qu'il en coûte aux princes
pour avoir combattu les intérêts de leurs peuples et
l'esprit de leur siècle.

Celui de l'autonomie a triomphé, par le secours obligé
de l'étranger, du seul ennemi qu'il eût à redouter;
il n'a plus à faire qu'à des pygmées; mais ces pygmées
sont armés et occupent encore les hautes positions soci-
ales. Il est vrai qu'on les voit perdre chaque jour quelque
partie du terrain qu'ils occupent; mais leurs ressources
défensives sont loin d'être épuisées, et les fautes de
leurs adversaires leur laissent souvent de grands avantages pour attaquer.

Ainsi, quoique l'avenir de l'Europe semble promis
à l'autonomie, cet avenir est plus orageux que rassu-

rant. On y peut entrevoir, assez clairement, à quel système demeurera la victoire ; mais on ignore à quel prix il faudra qu'elle soit obtenue, et l'époque où elle sera décidée.

Quand l'autonomie s'établit aux États-Unis d'Amérique, comme elle y fut instituée sans aucun alliage, sans aucun ménagement pour les choses antérieures, peu de gens osèrent croire à la stabilité d'un édifice jusqu'alors sans exemple ; mais ce qui fut, à cette époque, hardiesse et imprudence, a été sanctionné par le temps comme un trait de haute sagesse et d'excellente politique. Si l'autonomie se trouve maintenant profondément enracinée et indestructible aux États-Unis, c'est probablement parce qu'elle a pu y être, dès l'origine, dégagée de tout élément hétérogène, propre à troubler sa croissance, c'est que rien n'est survenu, qui ait fait remettre en question sa puissance et son principe. Elle offre aujourd'hui, de tous les modes de combinaison politiques, celui dont l'avenir est le mieux assuré, parce qu'il semble aussi difficile de retrancher que d'ajouter quelque chose aux institutions qui tiennent à son essence.

Dans un état où l'autonomie est en pleine vigueur, on ne voit, de tous côtés, que des moyens de conservation. Tous les intérêts, tous les besoins concourent au maintien de ce qui est établi ; l'opposition est vive entre les citoyens, elle est nulle contre la cité ; mais quand ce régime autonome est appelé, par la force des événements, à s'introduire sur un ancien domaine de l'autocratie, les déplacements, les désappointements, les changements d'état amènent à leur suite des désordres et des convulsions politiques. Plus il y a de rapports à changer, plus l'opération devient épineuse. La nation la plus sage est celle qui parvient à gagner le port le plus promptement, en allégeant le navire de tout ce qui ne peut être sauvé sans accroître le péril du naufrage.

CHAPITRE IV.

De l'avenir de la Cité.

Puisque l'état provisoire où se trouve la cité est encore celui qui avait été réglé par l'autocratie, il ne peut éviter d'être changé, si le principe de l'autonomie se maintient.

Une nation qui consentirait à demeurer réduite à la quatre-centième partie d'elle-même pour l'exercice des droits politiques, serait assujettie et non représentée.

Je ne me hasarde point à présager quelle sera la limite du cens et du nombre des citoyens, relativement à la population : cette question se complique d'une foule de rapports, et il faudrait savoir, avant tout, si elle sera décidée par la raison ou par le préjugé; peut-être le parti le plus sage serait-il d'adopter un mode progressif, qui étendrait le droit de cité en proportion de l'accroissement des capacités politiques; mais il ne faudrait pas faire de cette pratique dilatoire un moyen d'éluder le principe.

Dans l'état actuel de la société française, il est douteux que le droit de suffrage fût exercé utilement par plus de trois cents vingt mille électeurs, qui ne seraient cependant que la centième partie de la population; et il a été déjà observé que, si on se déterminait à cette proportion, elle quadruplerait, tout d'un coup, le nombre des citoyens.

La société de l'autonomie mixte diffère de celle de l'autonomie homogène par les conditions qui font le citoyen, non moins que par son association à l'institution royale. Ces conditions l'éloignent de la démocratie, et donnent à l'état une forme presque oligarchique; mais cette oligarchie civile ne déroge point au principe de l'autonomie. Elle crée une faculté, non un privilége.

Tout est assujetti, dans ce régime, à la loi de la représentation; et même en admettant la réduction du nombre des citoyens à un centième de la population, les quatre-vingt-dix-neuf autres centièmes seraient, en effet, représentés par ceux qui paient le cens, à raison de l'analogie des intérêts et de l'aptitude de tous à obtenir le droit de cité, sauf les exceptions invincibles de l'âge et du sexe.

Cette constitution oligarchique de la cité se trouve

en harmonie avec les causes qui ont rendu nécessaire le privilége royal. L'objet de celui-ci est de prévenir l'essor des ambitions supérieures. La prérogative civique à laquelle tous peuvent atteindre, est faite pour exciter l'émulation dans les classes inférieures, en y maintenant l'ordre, en prévenant les manœuvres du patronage des grands et des riches. Un roi est bien moins utile dans les états autonomes où ce patronage est repoussé par les mœurs publiques.

L'extension presque illimitée du droit de cité, est le caractère principal de l'autonomie homogène; elle est mise en pratique aux États-Unis; mais il est assez bizarre de rencontrer cette institution en Angleterre, où la turbulence démocratique de certaines élections contraste, d'une manière si choquante, avec les priviléges des bourgs-pourris et de quelques corporations.

CHAPITRE V.

De l'avenir de la Pairie.

Cette anomalie constitutionnelle que le travail des temps a fait surgir en Angleterre, pourrait faire croire à la possibilité, sinon à la convenance, de mettre ensemble en exercice, dans la France nouvelle, une chambre de privilégiés héréditaires et un corps de députés représentants de la nation. Mais la pairie française n'a point d'avenir, parce qu'elle n'a ni passé ni présent; au lieu que celle des Anglais règne et régnera tant qu'elle ne sera pas abandonnée de la force politique, dont elle sut faire usage avec tant d'éclat et d'habileté. Celle de la France ne possède et n'a possédé, depuis son institution, aucune force de cette espèce; héritière d'un sénat esclave, elle a été sans cesse le jouet du pouvoir et des événements, encombrée ou démembrée selon le caprice des causes extérieures.

Si elle n'a pu s'approprier aucune force dans le régime de l'autocratie qui l'avait constituée selon son principe, comment pourrait-elle en trouver dans l'autonomie dont le principe est incompatible avec son institution ?

L'autonomie demande un deuxième corps délibérant, composé d'hommes inamovibles ou choisis pour un long terme parmi les meilleurs et les plus éprouvés de l'état. Elle veut qu'une grande considération entoure ce sénat chargé de contrôler et de modérer les résolutions de ses représentants. Comment ce but serait-il rempli par des conseillers choisis par le hasard de la naissance, plus propres aux affaires de famille qu'à celles de l'état, plus enclins à l'esprit de corps qu'à l'esprit public, et trop faibles pour être occupés d'autre chose que d'eux-mêmes?

Le patriciat ne fait point une partie de la cité; il est une cité à lui seul. Il n'y a donc point d'unité dans l'état où ce privilége se trouve joint à l'autonomie,

jusqu'à ce qu'il ait été aboli ou qu'il ait triomphé. Il serait dangereux et très-difficile de renverser en Angleterre ce qui la maintient dans l'unité. En France, il n'est ni utile ni peut-être possible d'enraciner ce qui empêcherait l'unité de s'établir.

En supposant qu'une oligarchie puissante et fortement constituée se fût trouvée exister, lors des derniers événements, peut-être eût-elle empêché le mouvement révolutionnaire de s'étendre aussi loin, et de renverser avec le prince le régime autocratique. C'est ce renversement et le partage à l'autonomie qui rendent impraticable, dans le nouveau régime, le maintien d'une chambre législative héréditaire. Si les progrès à venir d'une telle pairie annexée à l'autonomie, pouvaient avoir pour résultat de rétablir le régime autocratique, ce serait elle qui régnerait, et le roi vivrait sous sa tutelle; mais le temps de ces combinaisons est passé.

L'autonomie mixte bien constituée ne diffère de celle qui est homogène, que par l'élévation du cens et la royauté héréditaire. Ces différences sont établies par le principe de l'utilité, et ne choquent point celui de l'autonomie. L'adjudication d'une oligarchie héréditaire est, au contraire, réprouvé par l'un et l'autre de ces principes. Elle troublerait l'unité et briserait la souveraineté.

Comme la question de l'avenir de la pairie sera décidée par des hommes, toute prédiction, à ce sujet,

serait hasardée; mais quand on a peu d'égards aux
choses, elles ont leur tour, et savent bien dissoudre
les vaines combinaisons d'une législation contradictoire *. Il est toujours à propos de ne mettre, dans
une constitution, que ce qui peut y rester.

Si l'autonomie doit se maintenir, il faut que le
privilége héréditaire de la pairie succombe; aucune
décision humaine ne saurait faire vivre une institution
qui serait dénuée de force politique, contraire à l'utilité
et à l'unité de l'état, et en contradiction avec le principe du gouvernement.

Le maintien de l'état provisoire où se trouve la
France, c'est-à-dire, d'une cité réduite au quatre centième de sa population, avec une chambre héréditaire,
me paraît l'une des conceptions politiques les plus ab-
surdes qui se puissent imaginer. Il n'y aurait dans
l'état ni autocratie ni autonomie; deux oligarchies de
nature différente s'y disputeraient la royauté, pendant
qu'une démocratie dépouillée de droits civiques pos-
séderait la plus grande partie de la force politique.

Une difficulté insurmontable s'oppose à cette entreprise. C'est l'embarras de faire jaillir, tout d'un coup,
une oligarchie puissante du sein de l'égalité. Il ne
faudrait, pour cela, rien moins que le concours d'une
conquête du pays avec les mœurs du dixième siècle.
Des décrets peuvent constater l'existence d'une oligarchie, mais il n'appartient qu'au temps de la créer.

---

* *Opinionum commenta delet dies, natura judicia confirmat.* CICERO.

CHAPITRE VI.

de l'avenir de la Royauté.

La prérogative royale, établie par l'autonomie mixte, peut se conserver, ou s'accroître ou décroître ; mais, en croissant et décroissant, elle change de nature. Elle devient autocratique ou tout à fait civile. Dans le premier cas elle n'est plus un simple privilége, et se fait maîtresse de la société ; dans le second elle cesse d'être un privilége, en n'étant plus héréditaire.

La royauté de l'autonomie mixte, celle qu'on vient d'instituer en France est un phénomène plus nouveau qu'on ne croit. Les expériences de l'histoire manquent pour en juger l'avenir.

L'exemple de l'Angleterre n'éclaire qu'imparfaitement la question française. Les rois substitués aux Stuarts ont respecté, depuis cent cinquante ans, les limites imposées à l'autorité royale ; mais ces limites ont été fixées et surtout gardées par une oligarchie héréditaire toute puissante, qui a pris pour elle tous les accroissements du temps. Ce sont les progrès de cette oligarchie qui ont tenu en bride la royauté dans ce pays, et l'ont rendue stationnaire.

Le roi des français actuel est le premier * qui ait

---

* Je compte pour rien l'exemple de Louis XVI, à qui on ne laissa de la royauté que le nom.

été appelé à exercer ses hautes fonctions dans l'intérêt d'une association de citoyens, non d'une corporation privilégiée; il est le premier dont le gouvernement demeure subordonné à la souveraineté d'une nation et aux conditions de l'autonomie. Le temps nous apprendra si cette mission, bien plus grande et plus honorable, peut être remplie avec autant de continuité et de sécurité pour les princes et pour les peuples.

Je ne me refuserais pas à vanter ici, comme je pourrais le faire sans flatterie, les garanties que doit trouver la France dans les vertus et le beau caractère du prince qu'elle a choisi pour fonder la nouvelle dynastie, si des garanties personnelles pouvaient s'étendre au-delà d'une ou deux générations.

La supériorité des rois de l'autonomie sur ceux de l'autocratie a été démontrée; mais il n'appartient pas à tous les princes de comprendre ce système. L'hérédité est sujette à mettre sur le trône de grands enfants qui servent de point de ralliement aux parasites et aux mauvais conseillers: la surveillance de l'oligarchie héréditaire est peut-être plus active, ou du moins plus suivie que celle d'une nation représentée. Cette autocratie veille plus efficacement à ce que la royauté ne puisse se faire elle-même autocratique.

Les accidents qui naissent de l'hérédité, et ceux qu'entraîne toujours après elle la nouveauté des épreuves jettent une ombre épaisse sur l'avenir des royautés de l'autonomie mixte.

La puissance des habitudes et celle de l'utilité sont les principaux garants de leur durée; celles qui se concilient l'opinion, et qui s'appuient sur les intérêts de la société, devraient être inébranlables.

CHAPITRE VII.

Des effets de l'habitude sur l'avenir de la royauté.

Thémistocle disait : J'aimerais mieux apprendre à oublier qu'à me ressouvenir. *

Les peuples s'instruisent lentement; mais ils mettent encore plus de lenteur à oublier.

Les habitudes politiques sont les plus tenaces de toutes, puisqu'on voit l'esclave s'obstiner à demeurer esclave, et le sauvage à demeurer sauvage.

Les peuples qui passent d'un régime politique à un autre, se persuadent aisément que rien n'est changé, quand les apparences des choses détruites sont conservées.

César s'était fait maître absolu; et on ne voulut point qu'il prît le titre de roi. Son successeur, le tout-puissant Auguste, n'osa point, selon le rapport de Dion, se faire appeler Romulus *. Cromwel se con-

---

* *Themistocles quidem cum Simonides aut quis alius artem memoriæ polliceretur ; oblivionis, inquit, mallem.* CICERO, de fin. l. 2.

* Esprit des lois. l. 19. ch. 4.

tenta du titre de protecteur, pour ne pas pousser à bout les républicains; et Bonaparte fit précéder l'empire par le consulat.

Les transitions de l'autocratie à l'autonomie demandent les mêmes égards. Il en coûte moins aux peuples de voir changer les choses, que les noms des choses. A la place d'un roi il leur faut un roi, comme un consul après un consul.

Cicéron * qui était consul et empereur, ressemblait tout aussi peu au consul et empereur maître de Rome, qu'un roi de l'autonomie ressemble à un roi autocrate; mais quand les noms sont conservés, le vulgaire est moins sujet à s'émouvoir.

La royauté fut réellement annihilée par l'assemblée constituante; mais on lui laissa un nom; et pour que ce vain titre fût enfin aboli, il fallut qu'il demeurât livré, pendant toute une année, aux avanies qui pleuvent sur tout pouvoir impuissant et hétérogène.

L'institution de la royauté autonome est puissamment secondée, en France, par l'effet général des souvenirs; mais il se trouve dans ce pays des habitudes spéciales qui lui sont contraires. Les royalistes passionnés aspirent à une royauté autocratique. Le culte de leur idole leur inspire une aversion plus forte pour une royauté consentie, que pour la démocratie elle-même, dont ils espéreraient être délivrés par l'anarchie.

---

* Cicéron écrivait à César : *Cicero imperator Cæsari imperatori.*

L'esprit monarchique, engendré par les habitudes, se trouve ainsi gravement modifié dans un pays, où l'utilité du régime monarchique autonome n'est appréciée que par un petit nombre, où la plupart des royalistes sont attachés à la royauté par une sorte d'instinct, et où les plus ardents la considèrent comme une usurpation que rien ne peut excuser.

CHAPITRE VIII.

Des effets de l'utilité sur l'avenir de la Royauté.

La cause seule efficace du maintien des institutions politiques, c'est l'utilité.

L'avenir de la royauté autonome semble assuré, pourvu qu'elle se trouve utile, et que soient accomplies les conditions de son établissement. Elle a été surtout instituée pour maintenir l'unité dans l'état; et tant que cette unité sera maintenue, les peuples ne songeront guère à s'enquérir s'ils pourraient l'obtenir par d'autres moyens. L'unité est le premier besoin de toute association. Il n'y a de royauté qu'à ce prix, soit autocratique, soit autonome. Le monarque héréditaire qui n'obtient pas cette unité vivifiante, tombe en déchéance. La royauté de la restauration n'a pu résister à cette épreuve; pendant les quinze années de son gouvernement, aucun de ses ministères n'a pu atteindre à l'unité ; celui de M. de Villèle n'a paru la saisir un moment, que pour la perdre avec plus d'éclat.

Malgré tout ce que la force des choses a fait en faveur de l'unité, dans la révolution de 1830, le ministère né de cette révolution semble, il faut l'avouer, nous tenir plus éloignés que jamais du bienfait de l'unité politique.

Au milieu des esprits agités par les espérances que donne la victoire et par les regrets qui suivent la défaite, harcelé par les clameurs de ceux qui le provoquent, ou le retiennent, ou même le menacent, on ne sait pas bien encore, après plus de deux mois, où il est, ce qu'il est, ni s'il est. Je le dis à regret, parce que les hommes que ceci concerne méritent l'estime publique sous d'autres rapports ; mais une royauté servie de cette manière ne saurait vivre long-temps.

Aux États-Unis, l'unité est garantie par le choix d'un président qui est à la fois roi et premier ministre ; mais cette réunion entraîne avec elle ce grand inconvénient, que si le système du président est mauvais, il n'y peut être porté remède avant l'époque d'une nouvelle élection. Ce vice capital est un motif bien suffisant pour faire préférer une royauté, au moyen de laquelle on peut changer le système aussitôt qu'il est reconnu défectueux.

Dans la situation où se trouve la France, elle aurait probablement à faire l'essai de plusieurs présidents, avant d'arriver à ses fins. La royauté constitutionnelle

fournit les moyens de répéter les essais d'un premier
ministre aussi souvent qu'il en sera besoin, sans que
le repos de l'état soit troublé ou compromis.

J'ai parlé d'un premier ministre parce que l'unité
de système est indispensable avec un roi comme avec
un président. L'exemple de l'Angleterre est topique,
malgré que la souveraineté réelle y soit oligarchique.
C'est qu'il y a une affinité naturelle entre l'unité d'action
et l'esprit de corps. L'esprit public admet plus de
divergence : il est moins unanime.

Un état gouverné sans un plan arrêté et coordonné
dans toutes ses mesures, demeure livré au hasard des
événements. C'est un corps sans tête.

Qu'il y ait ou non un premier ministre, ce n'est
là qu'une forme ; et cette forme peut bien, comme
les autres, être rendue illusoire : mais que les ministres,
quel qu'en soit le nombre, soient animés du même
esprit ; aient les mêmes intentions ; suivent les mêmes
voies ; travaillent pour obtenir un seul et même résultat ;
qu'ils agissent, en un mot, comme agirait un seul
homme ; voilà ce qu'exige l'utilité politique ; voilà ce
qui fait la monarchie. Il n'y a point d'avenir pour
celles qui ne remplissent point cette condition vitale.

Une autre cause non moins grave est propre à compromettre l'avenir d'une royauté autonome. C'est l'in-
fidélité. Les fautes des ministres sont prévues, et leur
remède est facile à appliquer ; mais si la royauté s'oublie
au point d'en commettre qui lui soient personnelles,

la loi est muette, et la force est mise en jeu. La
royauté qui a renoncé à l'infaillibilité n'a plus de garantie.
L'utilité, l'unité, la légitimité, tout s'évanouit, quand
le pouvoir change de nature, en s'élevant au-dessus
des conditions imposées par l'autonomie. Le paradis de
la royauté infaillible se ferme au prince qui s'est laissé
entraîner au péché autocratique. Si le premier homme
a été séduit par le serpent, comment peut-on se flatter
qu'une lignée de rois puisse long-temps résister aux
prestiges de l'ambition et aux piéges de la flatterie?

CHAPITRE X.

De la tendance des esprits vers l'autonomie homogène.

Tous les gouvernements tendent à l'homogénéité
parce qu'ils tendent à l'unité. Les peuples qui sont
en mouvement ont le visage tourné vers l'autocratie,
ou vers l'autonomie; les institutions mixtes doivent
être considérées comme autant de stations placées sur
leur route, où ils séjournent plus ou moins long-
temps.

Il est évident que la disposition actuelle des esprits,
non seulement en France, mais dans tous les états
de l'Europe occidentale, est défavorable au maintien
de l'autocratie; c'est un fait que tous reconnaissent,
amis ou ennemis. Le dégoût et la haine du pouvoir

(108)

absolu se propagent d'un peuple à l'autre ; et la crainte qui est le mobile de l'autocratie, va décroissant de jour en jour. On déplore ces effets de la civilisation et du temps, mais il est impossible de se les dissimuler.

C'est donc vers l'autonomie que se meuvent les peuples civilisés du dix-neuvième siècle ; soit qu'ils aient déjà secoué le joug du despotisme ; soit qu'ils se débattent encore contre ses derniers efforts.

Les louanges qu'on prodigue même avec justice aux constitutions mixtes ne changent point leur nature, et ne suffisent point pour leur donner la stabilité réservée aux constitutions homogènes. Pour être moins parfaites elles ne sont pas moins utiles. Elles le sont même à cause de leur imperfection.

Ce qui fait la bonté d'une constitution c'est son rapport de convenance avec les peuples qu'elle régit. Ainsi l'autonomie homogène n'est pas, à la rigueur, un meilleur gouvernement que l'autonomie mixte ; mais elle est le gouvernement d'un peuple meilleur. Certainement une nation qui est capable de fournir un citoyen sur dix personnes, est plus avancée en civilisation que celle où il ne pourrait y en avoir, sans inconvénient, plus d'un sur cent ou même sur trois ou quatre cents. Il faut rendre justice à soi et aux autres ; se contenter du bien ; souhaiter le mieux et s'y préparer au lieu de s'en effrayer.

Le mouvement des peuples vers l'autonomie homogène allarme bien plus les gouvernements de l'autonomie mixte que ceux de l'autocratie. Plus on est voisin du danger, plus on le craint ; mais le danger est moins d'arriver à ce régime que d'y arriver mal préparé et de ne pouvoir s'y maintenir. Ce danger est bien moindre quand les gouvernements marchent en avant des peuples , au lieu de se laisser traîner à leur suite dans la carrière de la civilisation politique.

Les secousses se succèdent et se renouvellent dans les états, parce qu'à chacune d'elles le pouvoir nouveau est prompt à se saisir de ce qu'il peut conserver de l'ancien.

Voyez avec quel soin religieux les ministres de la restauration ont maintenu le code pénal de Bonaparte, ses lois fiscales, son système universitaire, le chef-d'œuvre de la perversité tyrannique. Le pouvoir que servaient ces ministres s'est écroulé sous le poids de ses fautes; il a changé de nature, et déjà nous voyons ces mêmes codes pénal, fiscal et universitaire, devenus l'objet de la sollicitude instinctive des ministres de l'autonomie mixte. Les peuples de ce régime , qui vivent et s'améliorent sous des lois conformes à son principe, ne chercheraient rien au-delà, si les manœuvres du gouvernement ne venaient troubler leur repos, et les inquiéter sur leur avenir. L'éducation politique, lors-qu'elle est obligée de s'achever au milieu des entraves et des contradictions, se hâte de produire ses fruits avant leur maturité.

L'opiniâtreté à maintenir les vieilles pratiques, a

dit le prophétique Bacon, n'est pas moins révolutionnaire que l'amour des nouveautés *. Ainsi, en consi-
dérant ce que de fausses mesures peuvent produire
dans notre avenir, il me semble que le maintien du
nombre des électeurs au quatre centième de la population, nous expose à passer brusquement à la démocratie; que le cens de 300 fr. est très-voisin de celui
de trois journées de travail; que l'insertion d'une pairie
héréditaire, dans la constitution autonome, peut avoir,
pour résultat, l'abolition de la pairie comme de l'hérédité; que le renouvellement des pompes des cours,
des sinécures, des faveurs royales, du luxe ministériel,
sont des moyens infaillibles d'affaiblir la royauté et
de la compromettre. Tous ces actes conservatoires des
débris de l'autocratie, réclamés au nom de l'esprit
monarchique, comme destinés à retarder le mouvement
des peuples, sont désormais autant d'éléments révolutionnaires propres à hâter ce mouvement, et à convertir
en torrent le fleuve dont le cours est régulier.

Le retour à l'autocratie étant reconnu impossible
par les faits et par le raisonnement, c'est recourir aux
révolutions, que de chercher un asile dans les théories
et les moyens autocratiques. Il faut, avant tout,
prendre les choses pour ce qu'elles sont, et tenir pour
mort ce qui ne vit plus. *

Il n'y a désormais que l'autonomie mixte avec un

---

* Et quod vides periisse perditum ducas. CATULI.

* Morosa morum retentio res turbulenta est æquè ac novitas. BACO.

roi, qui puisse préserver de l'autonomie homogène;
ou sans roi. Je dis préserver, quoique ce mode de
gouvernement soit le plus beau et le plus honorable
de tous, parce qu'il est fort à craindre que les peuples
s'y trouvent entraînés, avant de s'en trouver dignes.

CHAPITRE X.

De l'avenir de l'Europe, au 19ᵉ siècle.

La révolution de 1830 a placé la France et la Belgique en avant des nations européennes. Leur civilisation politique, bien plus tardive que celle d'Angleterre, s'est élevée tout d'un coup à l'adoption du
principe de la souveraineté nationale, que les anglais
n'admettent encore qu'avec des restrictions, et que
dément la toute-puissance d'une oligarchie héréditaire.
C'est aujourd'hui vers l'établissement de ce principe
et des institutions qui sont en vigueur aux États-Unis,
que gravitent tous les mouvements politiques des
peuples civilisés. Les peuples se meuvent dès qu'ils
s'éclairent; ceux qui s'éclairent deviennent meilleurs;
et les meilleurs ne supportent pas long-temps un
gouvernement qui vaut moins qu'eux, et qui se croit
intéressé à contrarier leur amélioration.

La civilisation politique étant en pleine activité, et
les efforts contraires du pouvoir étant généralement

insuffisants ou inopportuns, il y aurait peu de mérite à prédire que les 70 années restantes du 19ᵉ. siècle, verront s'achever cette renovation des gouvernements et de la condition des peuples, qui a commencé à s'effectuer il y a moins de 60 ans.

L'Angleterre, où les libertés de l'Europe et du monde ont pris naissance, semble moins menacée que les autres royaumes par l'invasion d'un principe qui ne lui est point étranger; mais comme, à l'ombre de ce principe, une oligarchie gigantesque a déjà atteint le terme assigné par la nature à sa croissance, il est fort à craindre que le mouvement rétrograde, imprimé depuis peu à cette oligarchie par la puissance de la civilisation, ne puisse s'achever sans engendrer le désordre.

L'autonomie mixte ou royale que possède la France, est conforme à son vœu et à ses mœurs. Comme son peuple ne peut désormais rétrograder jusqu'à l'auto-cratie, s'il est de nouveau mis en mouvement, la force des choses doit le pousser vers l'autonomie homogène. La France arriverait avec lenteur à ce régime par les effets progressifs de l'amélioration politique; mais elle peut y être précipitée par les fautes de son gouvernement.

Dans le midi de l'Europe, les germes de l'esprit d'autonomie se développent au sein des préjugés et des habitudes serviles. Les précautions et les persécutions de la tyrannie ne font que multiplier et disséminer ces germes. Le temps est leur auxiliaire; et ce temps, dont la marche était si lente, semble maintenant avoir pris la course. *

Le nord de l'Allemagne, où la liberté religieuse a eu son berceau, ne demeura point long-temps étranger à la liberté politique. Les gouvernements de cette contrée ont pressenti cet avenir; mais les uns ont cru l'éluder par des concessions illusoires, les autres par des mesures de rigueur. C'est une maxime désormais triviale, que les mauvais remèdes exaspèrent les maladies politiques, et que les palliatifs ne les guérissent pas.

Les peuples de l'Autriche seront probablement les derniers à subir la métamorphose politique de l'autonomie. On peut, ce me semble, en conclure qu'elle se trouvera l'un des plus faibles des états allemands, dès qu'elle sera le seul autocratique. Elle est menacée de subir le sort qu'a subi l'Espagne, pour être restée pendant trois siècles en arrière de la civilisation européenne.

Par delà la Vistule se trouve ce grand empire de Russie, que sa constitution, ses mœurs, son étendue, ses rapports avec l'Asie * doivent tenir encore long-

---

* *Tarda necessitas... corripuit gradum.* HORAT.

*Le despotisme est endémique en Asie : *Suetus regibus Oriens.* TAC. hist. l. IV. §. 17.

temps séparé des états européens devenus autonomes. Mais alors il n'exercera plus sur eux les mêmes influences, et leur sera bien moins redoutable lorsqu'ils pourront opposer aux invasions des modernes Scythes une confédération de peuples libres.

L'autonomie n'aura point d'accès en Russie, tant qu'il n'y aura d'autre peuple que des nobles et des soldats affranchis. Les conspirations prétoriennes et celles de l'oligarchie y précéderont les révolutions. Ce pays sera long-temps le refuge de l'autocratie ; mais il est assez vraisemblable qu'avant la fin du siècle, elle sera exclue du reste de l'Europe.

Sans doute elle ne subira pas cette destinée sans résistance, sans combats, ni même sans avoir obtenu quelques-unes de ces victoires qui réchauffent le zèle et les espérances d'un pouvoir moribond ; mais les choses sont arrivées à ce point, que la maladie des états autocratiques ne peut être déguisée, et que leur vieillesse la rend irrémédiable.

Quelle peut être la destinée d'une domination que la paix mine lentement, et que la guerre rend plus fragile ? Dans une situation pareille, la guerre est le plus fâcheux des remèdes. Peut-être suffirait-il aujourd'hui d'une nouvelle mêlée, pour achever, en quelques années, la révolution qui doit exclure l'autocratie des deux tiers de l'Europe. Cette guerre est un sujet d'effroi pour tout le monde ; mais elle semble inévitable, quand on considère combien peu de sagesse est jointe à tant

de frayeur *. Une même fatalité conduit à leur chute
les gouvernements autocratiques qui se laissent aller,
ou y entraîne ceux qui résistent. **

---

* Les autocraties européennes sont, à l'égard de la France et de la
Belgique, dans une position assez analogue à celle où était Charles X,
avant la catastrophe du mois de juillet. Elles se détermineront à attaquer leur adversaire, dès qu'elles auront acquis la conviction que le
temps ne peut les servir, et que leur force décroît pendant que celles
de l'autonomie continuent de se développer. Ainsi la guerre aura lieu,
si on désespère de vaincre les nouvelles institutions par la paix. L'autonomie sera réduite à combattre, si elle ne consent à s'humilier et à
se laisser dissoudre. Les projets hostiles de l'autocratie ne sont pas
retenus seulement par la crainte, mais aussi par l'espérance que fait
naître l'incertitude et le sommeil du pouvoir. *Discordia inter patres, ira
apud victos, nulla in victoribus auctoritas.* TACIT. hist. L. IV. §. XI.
Voilà de quoi faire prendre patience aux cabinets les plus effrayés.

** *Fata volentem ducunt, nolentem trahunt.*

CONCLUSION.

Je n'ai point entrepris de traiter, dans toute son étendue et dans tous ses rapports, ce vaste sujet du nouveau système politique établi en France, ou prêt à s'établir ; je me suis borné à en déterminer la nature, et à le classer selon les règles de la méthode analytique. La tâche du naturaliste ne s'étend pas plus loin.

D'autres, plus exercés que moi dans la pratique des affaires, prendront le soin de poursuivre l'application du principe adopté par la société à ses besoins généraux et locaux ; leur travail sera plus difficile et plus utile ; mais, pour faire un bon choix de ces règles spéciales qui s'étendent aux moindres rapports de la vie politique, il importait de rechercher quelle est la règle de ces règles * ; c'est-à-dire, quel est le principe, le genre et l'espèce du gouvernement auquel elles doivent être appropriées.

Le principe est la souveraineté de la société. Le genre est l'autonomie, émanation immédiate de ce principe. L'espèce est l'autonomie mixte ou royale.

---

* *Legum leges.* BACO.

Les règles qui ne s'accorderaient point avec le principe, et s'adapteraient mal au genre et à l'espèce, auraient, pour résultat, la production d'une difformité politique, dont la durée ne serait pas moins éphémère que celle des animaux difformes. Cette détermination de l'espèce n'est pas une simple notion de théorie et de curiosité; elle est en rapport immédiat avec l'utilité, l'unité politiques, et avec l'ordre public. Car, si les mesures du gouvernement ne s'accordent pas avec la nature de l'espèce, une révolution doit survenir; il faut changer l'espèce, ou changer le système qui lui est contraire. Or, l'utilité et l'ordre public sont toujours compromis par l'imminence des révolutions. L'obéissance aux lois naturelles est la première condition du repos des peuples et de leur prospérité. La thérapeutique des sociétés peut être réduite comme celle du corps humain à cet axiome d'Hippocrate : Suivez les mouvements de la nature. *

Je livre ces réflexions aux hommes d'état, que le cours des affaires appelle au gouvernement de mon pays. Il n'est guère plus temps, à l'âge où je suis arrivé, de se faire républicain ou royaliste; mais il est bon, à tout âge, d'observer et de comparer. Je ne me dissimule point que l'espèce de l'autonomie mixte, telle que l'ont faite les derniers événements, est, à peu près, nouvelle dans l'histoire; mais si l'autocratie est défini-

* Quæ seigis natura, eo ducendum. HIPPOCR Aphor.

tivement exclue de notre régime politique, il ne reste plus qu'à examiner sans prévention, quels doivent être les caractères spécifiques de l'institution devenue seule praticable, et quelles sont les règles prescrites par cette détermination.

Il est fâcheux que cette discussion vienne après coup; et qu'en fondant l'institution, on ait commis la faute d'ajourner les questions qui tiennent à son essence.

Une grande gloire est réservée aux hommes d'état qui sauraient réparer cette erreur, et épargner à la force des choses le soin de renverser encore une fois les fragiles édifices que lui opposeront la prudence de la peur et la politique des abstractions: *Exoriare aliquis.*

POST SCRIPTUM.

Au moment où s'achève l'impression de cet essai, plusieurs passages semblent déjà avoir perdu leur application. Mais il est plus que jamais à l'ordre du jour, puisque le principe même du gouvernement se trouve remis en question, et qu'il s'agit, en effet, de savoir si la France est entrée dans l'autonomie et doit y rester; ou si, étant sortie de l'autocratie, elle doit y rentrer.

TABLE.

SECTION Ire.

Des causes générales et spéciales de la révolution de 1830.

SECTION III.

De l'Avenir.

FIN DE LA TABLE.

ERRATA.

Page 32, ligne dernière : au lieu de *fatalité*, lisez *futilité*.

Page 45, ligne 1 : après *du cens*, alinéa. *Dans l'état actuel de notre législation, l'âge se trouve, etc.*

Page 60, ligne 14 : au lieu de *à la volonté*, lisez *à sa volonté*.

Page 82, ligne 4 : au lieu de *nos entreprises*, lisez *les entreprises*.

Page 107, ligne 11 : au lieu de *Chapitre X*, lisez *Chapitre IX*.

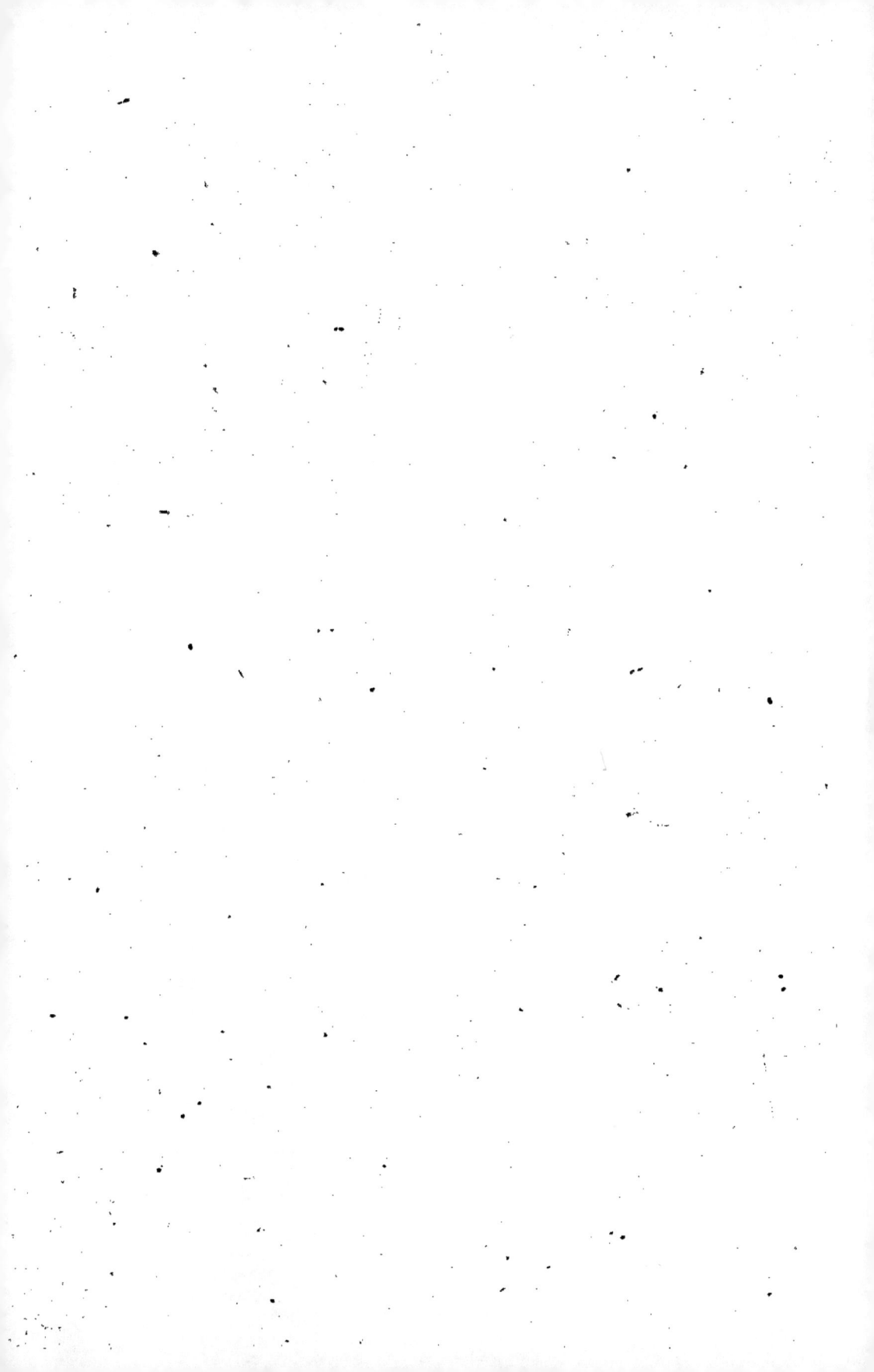

www.ingramcontent.com/pod-product-compliance
Lightning Source LLC
Chambersburg PA
CBHW071827090426
42737CB00012B/2199